ISBN 978-1-5279-4241-7
PIBN 10962089

1 MONTH OF
FREE
READING

at
www.ForgottenBooks.com

By purchasing this book you are eligible for one month membership to ForgottenBooks.com, giving you unlimited access to our entire collection of over 1,000,000 titles via our web site and mobile apps.

To claim your free month visit:

www.forgottenbooks.com/free962089

Handbuch

der

englischen Umgangssprache,

mit

deutscher und französischer Uebersetzung,

von

Dr. F. Ahn.

Achte Auflage.

Mainz,

Druck und Verlag von Florian Kupferberg.

1865.

Handbuch

der

englischen Umgangssprache,

mit

deutscher und französischer Uebersetzung,

von

Dr. F. Ahn.

Achte Auflage.

Mainz,

Druck und Verlag von Florian Kupferberg.

1865.

Vorwort.

Wenn man beim Studium einer lebenden Sprache die Absicht hat, diese nicht nur verstehen, sondern auch sprechen zu lernen, so reicht die Kenntniß der Grammatik, so wie der Wortreichthum, den man durch Lektüre erwirbt, nicht hin. Die Konversation hat ihre eigenthümlichen Formen und Wendungen, die man entweder durch den Umgang mit gebildeten Personen, oder in deffen Ermangelung durch eigends dazu bearbeitete Anleitungen kennen lernen muß. Solche Anleitungen müssen jedoch, wenn sie ihren Zweck erfüllen sollen, vom Leichtern zum Schwerern fortschreiten, eine große Manchfaltigkeit der im vertrauten Umgange gebräuchlichen Formen darbieten und nur solchen Ausdrucksarten eine Aufnahme gestatten, die mit der Reinheit der Sprache den Anstand der gesitteten Gesellschaft verbinden. Die gegenwärtige, nach den besten Materialien bearbeitete Schrift hat nach Erreichung dieser Vorzüge möglichst gestrebt und wird sich hoffentlich eben so sehr durch Einfachheit des Planes als durch Zweckmäßigkeit der Ausführung empfehlen. Sie zerfällt in vier verschiedene Abtheilungen. Die erste enthält eine Sammlung der unentbehrlichsten Wörter und wird als Vorbereitung zu den folgenden Abschnitten eingeübt. Die zweite geht zu einfachen Sätzen über, die sich alle über die gewöhnlichsten Gegenstände und Verhältnisse des bürgerlichen Lebens erstrecken. In der dritten Abtheilung stehen die einzelnen Sätze in engerer Verbindung und gehen zu vollständigern Gesprächen über. Die letzte Abtheilung umfaßt, in geordneter Auswahl, alle die Eigenthümlichkeiten der Sprache, die dem Deutschen am wichtigsten sind und im gesellgen Umgange am häufigsten wiederkehren. Das Ganze ist auf Anfänger berechnet und kann von ihnen gleichzeitig mit der Grammatik benutzt werden.

Aachen, im Juni 1834.

Vorwort zur zweiten und dritten Auflage.

Da der Unterricht in der englischen Sprache meistens mit dem in der französischen Sprache verbunden wird, so hat der Verfasser es für zweckmäßig erachtet, der deutschen Uebersetzung noch die französische beizufügen und so dem Werkchen, das sich bereits einer guten Aufnahme erfreut, einen höhern Werth und eine größere Brauchbarkeit zu verleihen. Auch ist dasselbe mit mehren neuen Gesprächen vermehrt und in seinen einzelnen Theilen ergänzt und verbessert worden.

Aachen, im Juni 1839 und Dezember 1842.

Vorwort zur vierten, fünften, sechsten, siebenten und achten Auflage.

Um das vorliegende Werkchen seiner eigentlichen Bestimmung, dem Schulzwecke, immer mehr entgegen zu führen, hat der Verfasser dasselbe noch mit einer neuen Abtheilung, enthaltend leichte Sätze und Redensarten, vermehrt, und das Ganze nunmehr in zwei gesonderte Theile zerlegt, die nach Belieben neben- oder nacheinander gebraucht werden können. Der erstere Theil ist, wie die gewöhnlichen Gesprächebücher, zunächst für Solche berechnet, denen es darum zu thun ist, sich für die Zwecke des gewöhnlichen Lebens mit den gangbarsten Ausdrücken der Umgangssprache bekannt zu machen, und die das Werkchen daher als ein unentbehrliches Handbuch mit sich zu führen pflegen. Der letztere Theil hingegen soll dem jüngern Schüler ein treuer Begleiter seiner Grammatik sein, und ihn mit all den Schwierig- keiten bekannt machen, welche die englische Sprache dem Deutschen dar- bietet. Darum hat der Verfasser auch für diesen letztern Theil die deutsche Uebersetzung als hinreichend erachtet, und die französische nur für den erstern bestehen lassen.

Neuß, im Mai 1846, Januar 1848, September 1854 und März 1859, Januar 1865.

Dr. Ahn.

Inhalt.

Erster Theil.

Erste Abtheilung.
Wörtersammlung.

Zweite Abtheilung.
Leichte Redensarten des geselligen Umgangs.

Dritte Abtheilung.

Vertraute Gespräche.

Zweiter Theil.

Erste Abtheilung.

Zweite Abtheilung.

Eigenthümliche Redensarten.

Dritte Abtheilung.

Einzelne Schwierigkeiten.

Erster Theil.

Erste Abtheilung.

---

1. Hauptwörter.

1. Vom Weltall.

The universe,	das Weltall,	l'univers, *m.*
the world,	die Welt,	le monde.
heaven,	der Himmel,	le ciel.
the sun.	die Sonne,	le soleil.
the sunbeams,	die Sonnenstrahlen,	les rayons du soleil, *m.*
the moon,	der Mond,	la lune.
a star,	ein Stern,	une étoile.
an eclipse,	eine Finsterniß,	une éclipse.
the elements,	die Elemente,	les éléments, *m.*
the air.	die Luft,	l'air, *m.*
the earth,	die Erde,	la terre.
the water,	das Wasser,	l'eau, *f.*
the fire,	das Feuer,	le feu.
the weather,	das Wetter,	le temps.
cold,	die Kälte,	le froid.
warmth,	die Wärme,	le chaud.
thunder,	der Donner,	le tonnerre.

lightning,	der Blitz,	l'éclair, m.
the wind,	der Wind,	le vent.
a storm,	ein Sturm,	un orage.
the sea,	das Meer,	la mer.
a river,	ein Fluß,	une rivière.
a lake,	ein See,	un lac.
a pond,	ein Teich,	un étang.
a brook,	ein Bach,	un ruisseau.
a mountain,	ein Berg,	une montagne.
a rock,	ein Felsen,	un rocher.
an island,	eine Insel,	une île.
a cloud,	eine Wolke,	un nuage.
the rain,	der Regen,	la pluie.
the snow,	der Schnee,	la neige.
the hail,	der Hagel,	la grêle.
the dew,	der Thau,	la rosée.
the ice,	das Eis,	la glace.
heat,	die Hitze,	la chaleur.
light,	das Licht,	la lumière.
darkness,	die Dunkelheit,	les ténèbres, f.
a flame,	eine Flamme,	une flamme.
a spark,	ein Funke,	une étincelle.
the smoke,	der Rauch,	la fumée.
metal,	das Metall,	le métal.
gold,	das Gold,	l'or, m.
silver,	das Silber,	l'argent, m.
copper,	das Kupfer,	le cuivre.
latten,	das Messing,	le laiton.
'in,	das Zinn,	l'étain, m.
:ad,	das Blei,	le plomb.
'on,	das Eisen,	le fer.
:eel,	der Stahl,	l'acier, m.

2. Vom Menschen.

Man,	der Mensch,	l'homme, *m.*
the body,	der Körper,	le corps.
the head,	der Kopf,	la tête.
the hair,	das Haar,	les cheveux, *m.*
the face,	das Gesicht,	le visage.
the forehead,	die Stirne,	le front.
the temples,	die Schläfe,	les tempes, *f.*
an eye,	ein Auge,	un oeil.
the eyebrows,	die Augenbraunen,	les sourcils, *m.*
the eyeball,	der Augapfel,	la prunelle.
the nose,	die Nase,	le nez.
the nostrils,	die Nasenlöcher,	les narines, *f.*
the ears,	die Ohren,	les oreilles, *f.*
the chin,	das Kinn,	le menton.
the beard,	der Bart,	la barbe
the cheeks,	die Backen,	les joues, *f.*
the mouth,	der Mund,	la bouche.
the lips,	die Lippen,	les lèvres, *f.*
a tooth,	ein Zahn,	une dent.
the gums,	das Zahnfleisch,	les gencives, *f.*
the tongue,	die Zunge,	la langue.
the palate,	der Gaumen,	le palais.
the neck,	der Hals,	le cou.
the throat,	die Gurgel,	la gorge.
the shoulders,	die Schultern,	les épaules, *f.*
the back,	der Rücken,	le dos.
the arm,	der Arm,	le bras.
the elbow,	der Ellbogen,	le coude.
the fist,	die Faust,	le poing.
the hand,	die Hand,	la main.
the fingers,	die Finger,	les doigts, *m.*

the thumb,	der Daumen,	le pouce.
the knuckles,	die Knöchel,	les noeuds, *m.*
the nails,	die Nägel,	les ongles, *m.*
the stomach,	der Magen,	l'estomac, *m.*
the breast,	die Brust,	la poitrine.
the belly,	der Bauch,	le ventre.
the lungs,	die Lunge,	les poumons, *m.*
the liver,	die Leber,	le foie.
the heart,	das Herz,	le coeur.
the side,	die Seite,	le côté.
the hips,	die Hüften,	les hanches, *f.*
the ribs,	die Rippen,	les côtes, *f.*
the knee,	das Knie,	le genou.
the leg,	das Bein,	la jambe.
the foot,	der Fuß,	le pied.
a toe,	eine Zehe,	un orteil.
the brains,	das Gehirn,	le cerveau.
the entrails,	das Eingeweide,	les entrailles, *f.*
the blood,	das Blut,	le sang.
the bile,	die Galle,	la bile.
the spittle,	der Speichel,	la salive.
the sweat,	der Schweiß,	la sueur.
a nerve,	ein Nerve,	un nerf.
a vein,	eine Aber,	une veine.

3. Von den Nahrungsmitteln.

Bread,	Brod,	du pain.
meal,	Mehl,	de la farine.
meat,	Fleisch,	de la viande.
roast-meat,	Braten,	du rôti.
beef,	Rindfleisch,	du boeuf.
veal,	Kalbfleisch,	du veau.

mutton,	Hammelfleisch,	du mouton.
pork,	Schweinefleisch,	du porc.
ham,	Schinken,	du jambon.
game,	Wildpret,	du gibier.
fowls,	Geflügel,	de la volaille.
sausage,	Bratwurst,	de la saucisse.
soup,	Suppe,	de la soupe.
vegetables,	Gemüse,	des légumes, m.
a sauce,	eine Brühe,	une sauce.
a pullet,	ein Hühnchen,	un poulet.
salad,	Salat,	de la salade.
oil,	Oel,	de l'huile, f.
vinegar,	Essig,	du vinaigre.
salt,	Salz,	du sel.
mustard,	Senf,	de la moutarde.
pepper,	Pfeffer,	du poivre.
cloves,	Nägelein,	des clous de girofle, m.
cinnamon,	Zimmet,	de la cannelle.
cheese,	Käse,	du fromage.
butter,	Butter,	du beurre.
fruit,	Obst,	du fruit.
wafers,	Waffeln,	des gaufres, f.
a cake,	ein Kuchen,	un gâteau.
a pie,	eine Pastete,	un pâté.
a tart,	eine Torte,	une tarte.
an egg,	ein Ei,	un oeuf.
the yolk,	der Dotter,	le jaune.
an omelet,	ein Eierkuchen,	une omelette.
tea,	Thee,	du thé.
coffee,	Kaffee,	du café.
chocolat,	Chokolade,	du chocolat.
milk,	Milch,	du lait.

wine,	Wein,	du vin.
beer,	Bier,	de la bière.
brandy,	Branntwein,	de l'eau de vie, f.
water,	Wasser,	de l'eau, f.
hunger,	der Hunger,	la faim.
thirst,	der Durst,	la soif.
breakfast,	das Frühstück,	le déjeûner.
dinner,	das Mittagsessen,	le dîner.
supper,	das Abendessen,	le souper.

4. Von der Kleidung.

A coat,	ein Rock,	un habit.
a waistcoat,	eine Weste,	un gilet.
a cloak,	ein Mantel,	un manteau.
the breeches,	die Hosen,	la culotte.
the drawers,	die Unterhosen,	les caleçons, m.
cloth,	Tuch,	du drap.
silk,	Seide,	de la soie.
velvet,	Sammt,	du velours.
cotton,	Baumwolle,	du coton.
linen,	Leinwand,	de la toile.
a shirt,	ein Hemd,	une chemise.
the stockings,	die Strümpfe,	les bas, m.
the garters,	die Strumpfbänder,	les jarretières, f.
the shoes,	die Schuhe,	les souliers, m.
the boots,	die Stiefel,	les bottes, f.
the spurs,	die Spornen,	les éperons, m.
the slippers,	die Pantoffeln,	les pantoufles, f.
a cap,	eine Mütze,	un bonnet.
a hat,	ein Hut,	un chapeau.
a neckcloth,	eine Halsbinde,	une cravate.
a wig,	eine Perücke,	une perruque.

a handkerchief,	ein Schnupftuch,	un mouchoir.
a glove,	ein Handschuh,	un gant.
a cane,	ein Spazierstock,	une canne.
a comb,	ein Kamm,	un peigne.
a brush,	eine Bürste,	une brosse.
a snuff-box,	eine Tabaksdose,	une tabatière.
a ring,	ein Ring,	une bague.
a pair of spectacles,	eine Brille,	des lunettes, *f.*
a purse,	ein Beutel,	une bourse.
an umbrella,	ein Regenschirm,	un parapluie.
a parasol,	ein Sonnenschirm,	un parasol.
a watch,	eine Uhr,	une montre.
a gown,	ein Frauenkleid,	une robe.
a petticoat,	ein Frauenrock,	un jupon.
an apron,	eine Schürze,	un tablier.
a ribbon,	ein Band,	un ruban.
a neckhandkerchief,	ein Halstuch,	un fichu.
a necklace,	ein Halsband,	un collier.
ear-rings,	Ohrringe,	des pendants d'oreille, *m.*
a veil,	ein Schleier,	un voile.
a pin,	eine Stecknadel,	une épingle.
a chain,	eine Kette,	une chaîne.

5. Von einem Hause.

A house,	ein Haus,	une maison.
a wall,	eine Mauer,	un mur.
a stone,	ein Stein,	une pierre.
a brick,	ein Ziegelstein,	une brique.
a beam,	ein Balken,	une poutre.
a door,	eine Thüre,	une porte.
a gate,	ein Thor,	une porte cochère.
a lock,	ein Schloß,	une serrure.

a key,	ein Schlüssel,	une clef.
the bell,	die Klingel,	la sonnette.
the stairs,	die Treppe,	l escalier, *m.*
a step,	eine Stufe,	un degré.
a room,	ein Zimmer,	une chambre.
a bed-chamber,	ein Schlafzimmer,	une chambre à coucher.
a dining-room,	ein Speisezimmer,	une salle à manger.
a parlour,	ein Besuchszimmer,	une salle.
a story,	ein Stockwerk,	un étage.
a window,	ein Fenster,	une fenêtre.
a pane,	eine Scheibe,	une vitre.
a shutter,	eine Fensterlade,	un contrevent.
the floor,	der Fußboden,	le plancher.
a board,	ein Brett,	une planche.
the ceiling,	die Decke,	le plafond.
the yard,	der Hof,	la cour.
a ladder,	eine Leiter,	une échelle.
a cellar,	ein Keller,	une cave.
a shop,	ein Laden,	une boutique.
the kitchen,	die Küche,	la cuisine.
the chimney,	das Kamin,	la cheminée.
the stable,	der Stall,	l'écurie, *f.*
a manger,	eine Krippe,	une mangeoire.
the garret,	der Speicher,	le grenier.
the roof,	das Dach,	le toit.
a gutter,	eine Dachrinne,	une gouttière.
a tile,	ein Dachziegel,	une tuile.
a slate,	ein Dachschiefer,	une ardoise.
a corner,	eine Ecke,	un coin.
the garden,	der Garten,	le jardin.
a spade,	ein Spaten,	une bêche.
a rake,	ein Rechen,	un râteau.
the green-house,	das Treibhaus,	la serre.

6. Vom Hausgeräthe.

A bed,	ein Bett,	un lit.
the bedstead,	die Bettlade,	le bois de lit.
the straw-bed,	der Strohsack,	la paillasse.
the mattress,	die Matratze,	le matelat.
the bolster,	der Pfühl,	le traversin.
a pillow,	ein Kopfkissen,	un oreiller.
the sheets,	die Betttücher,	les draps, m.
the bed-cloth,	die Decke,	la couverture.
the curtains,	die Vorhänge,	les rideaux, m.
a cradle,	eine Wiege,	un berceau.
a seat,	ein Sessel,	une chaise.
a chair,	ein Stuhl,	une chaise.
a cushion,	ein Kissen,	un coussin.
a press,	ein Schrank,	une armoire.
a drawer,	eine Schublade,	un tiroir.
a chest,	eine Kiste,	une caisse.
a table,	ein Tisch,	une table.
a napkin,	ein Tellertuch,	une serviette.
a plate,	ein Teller,	une assiette.
a dish,	eine Schüssel,	un plat.
a knife,	ein Messer,	un couteau.
a fork,	eine Gabel,	une fourchette.
a spoon,	ein Löffel,	une cuiller.
the salt-cellar,	das Salzfaß,	la salière.
the oil-bottle,	die Oelflasche,	l'huilier, m.
the mustard-pot,	der Senftopf,	le moutardier.
a tea-board,	ein Theebrett,	un cabaret.
the tea-pot,	der Theetopf,	la théière.
a cup,	eine Tasse,	une tasse.
the sugar-box,	die Zuckerdose,	le sucrier.
a mug,	ein Becher,	un gobelet,

a glass,	ein Glas,	un verre.
a bottle,	eine Flasche,	une bouteille.
a cork,	ein Kork,	un bouchon.
a looking-glass,	ein Spiegel,	un miroir.
a picture,	ein Gemälde,	un tableau.
a candlestick,	ein Leuchter,	un chandelier.
a candle,	eine Kerze,	une chandelle.
the wick,	der Docht,	la mèche.
the snuffers,	die Lichtputze,	les mouchettes, f.
a lamp,	eine Lampe,	une lampe.
a lantern,	eine Laterne,	une lanterne.
the tongs,	die Feuerzange,	les pincettes, f.
a shovel,	eine Schaufel,	une pelle.
a smoathing-iron,	ein Bügeleisen,	un fer à repasser.
a kettle,	ein Kessel,	un chaudron.
the cover,	der Deckel,	le couvercle.
the handle,	der Stiel, Griff,	l'anse, f; le manche.
a pot,	ein Topf,	un pot.
a pitcher,	ein Krug,	une cruche.
a basket,	ein Korb,	une corbeille.
a towel,	ein Handtuch,	un essuie-main.
a mortar,	ein Mörser,	un mortier.
a sieve,	ein Sieb,	un tamis.
a stove,	ein Ofen,	un poèle.
a box,	eine Schachtel,	une boîte.
a coffer,	ein Koffer,	un coffre.
a tub,	ein Kübel,	un baquet.
a cask,	ein Faß,	un tonneau.
a funnel,	ein Trichter,	un entonnoir.
a pail,	ein Eimer,	un seau.
a bench,	eine Bank,	un banc.
a broom,	ein Besen,	un balai.

7. Von der Verwandtschaft.

The father,	der Vater,	le père.
the mother,	die Mutter,	la mère.
the parents,	die Eltern,	les parents, m.
the children,	die Kinder,	les enfants, m.
a son,	ein Sohn,	un fils.
a daughter,	eine Tochter,	une fille.
the grandfather,	der Großvater,	le grand-père.
the grandmother,	die Großmutter,	la grand'-mère.
a grandson,	ein Enkel,	un petit-fils.
a granddaughter,	eine Enkelin,	une petite-fille.
a brother,	ein Bruder,	un frère.
a sister,	eine Schwester,	une soeur.
an uncle,	ein Oheim,	un oncle.
an aunt,	eine Tante,	une tante.
a nephew,	ein Neffe,	un neveu.
a niece,	eine Nichte,	une nièce.
a cousin,	ein Vetter, eine Base.	un cousin, une cousine.
the husband,	der Mann,	le mari, l'époux, m.
the wife,	die Frau,	la femme, l'épouse, f.
the father in law,	der Schwiegervater,	le beau-père.
the mother in law,	die Schwiegermutter,	la belle-mère.
a son in law,	ein Schwiegersohn,	un beau-fils, un gendre.
a daughter in law,	eine Schwiegertochter,	une belle-fille, une bru.
a brother in law,	ein Schwager,	un beau-frère.
a sister in law,	eine Schwägerin,	une belle-soeur.
a godfather,	ein Pathe,	un parrain.
a godmother,	eine Pathin,	une marraine.
a widower,	ein Wittwer,	un veuf.
a widow,	eine Wittwe,	une veuve.
an orphan,	eine Waise,	un orphelin, une orpheline.

a pupil,	eine Mündel,	un, une pupille.
a tutor,	ein Vormund,	un tuteur.
the relations,	die Verwandten,	les parents, m.

8. Von den Künsten und Gewerben.

An artist,	ein Künstler,	un artiste.
an artificer,	ein Handwerker,	un artisan.
a fencing-master,	ein Fechtmeister,	un maître d'armes.
a dancing-master,	ein Tanzmeister,	un maître de danse.
a printer,	ein Buchdrucker,	un imprimeur.
a bookseller,	ein Buchhändler,	un libraire.
a bookbinder,	ein Buchbinder,	un relieur.
a painter,	ein Maler,	un peintre.
an actor,	ein Schauspieler,	un acteur.
an architect,	ein Baumeister,	un architecte.
a mason,	ein Maurer,	un maçon.
a carpenter,	ein Zimmermann,	un charpentier.
a joiner,	ein Schreiner,	un menuisier.
a slater,	ein Dachdecker,	un couvreur.
a glazier,	ein Glaser,	un vitrier.
a goldsmith,	ein Goldschmied,	un orfèvre.
a watchmaker,	ein Uhrmacher,	un horloger.
a hatter,	ein Hutmacher,	un chapelier.
a tailor,	ein Schneider,	un tailleur.
a shoemaker,	ein Schuster,	un cordonnier.
a glover,	ein Handschuhmacher,	un gantier,
a saddler,	ein Sattler,	un sellier.
a barber,	ein Barbier,	un barbier.
a weaver,	ein Weber,	un tisserand.
a dier,	ein Färber,	un teinturier.
a tanner,	ein Gerber,	un tanneur.
a smith,	ein Schmied,	un forgeron.

a locksmith,	ein Schloſſer,	un serrurier.
a cutler,	ein Meſſerſchmied,	un coutelier.
a farrier,	ein Huffſchmied,	un maréchal.
a potter,	ein Töpfer,	un potier de terre.
a pewterer,	ein Zinngießer,	un potier d'étain.
a tinman,	ein Blechſchmied,	un ferblantier.
a turner,	ein Drechsler,	un tourneur.
a cooper,	ein Böttcher,	un tonnelier.
a miller,	ein Müller,	un meunier.
a baker,	ein Bäcker,	un boulanger.
a butcher,	ein Metzger,	un boucher.
a fishmonger,	ein Fiſchhändler,	un marchand de poisson.
a brewer,	ein Brauer,	un brasseur.
a chimneysweeper,	ein Schornſteinfeger,	un ramoneur.
a watchman,	ein Nachtwächter,	un garde de nuit.

9. Von einer Stadt.

A city, a town,	eine Stadt,	une ville.
the capital,	die Hauptſtadt,	la capitale.
the suburb,	die Vorſtadt,	le faubourg.
the custom-house,	das Zollhaus,	la douane.
the bridge,	die Brücke,	le pont.
the ramparts,	die Wälle,	les remparts, *m.*
the walls,	die Mauern,	les murailles, *f.*
the gates,	die Thore,	les portes, *f.*
a street,	eine Straße,	une rue.
a lane,	eine Gaſſe,	une petite rue.
a square,	ein Platz,	une place.
the pavement,	das Pflaſter,	le pavé.
a kennel,	die Goſſe,	un ruisseau.
the market,	der Markt,	le marché.
a fountain,	ein Springbrunnen,	une fontaine.

a building,	ein Gebäude,	un bâtiment.
a palace,	ein Palast,	un palais.
a tower,	ein Thurm,	une tour,
a church,	eine Kirche,	une église.
the steeple,	der Kirchthurm,	le clocher.
a convent,	ein Kloster,	un couvent.
the townhouse,	das Rathhaus,	l'hôtel de ville, m.
the arsenal,	das Zeughaus,	l'arsenal, m.
the hospital,	das Spital,	l'hôpital, m.
the orphan-house,	das Waisenhaus,	la maison des orphelins.
the prison,	das Gefängniß,	la prison.
the madhouse,	das Narrenhaus,	la maison des fous.
a tavern,	eine Weinschenke,	un cabaret.
an inn,	ein Wirthshaus,	une auberge.
a sign,	ein Schild,	une enseigne.
the exchange,	die Börse,	la bourse.
the play-house,	das Schauspielhaus,	le théâtre.
the post-office,	die Post,	la poste.
the environs,	die Umgebungen,	les environs, m.
the burying-place,	der Kirchhof,	le cimetière.

10. Vom Lande.

The country,	das Land,	la campagne.
a countryman,	ein Landmann,	un campagnard.
a peasant,	ein Bauer,	un paysan.
the way,	der Weg,	le chemin.
the road,	die Straße,	la route.
the highway,	die Landstraße,	le grand chemin.
the dirt,	der Koth,	la boue.
the dust,	der Staub,	la poussière.
a village,	ein Dorf,	un village.
a country-house,	ein Landhaus,	une maison de campagne.

a farm,	ein Meierhof,	une ferme.
a farmer,	ein Pachter,	un fermier.
an orchard,	ein Baumgarten,	un verger.
a field,	ein Feld,	un champ.
a meadow,	eine Wiese,	une prairie.
the harrow,	die Ege,	la herse.
the plough,	der Pflug,	la charrue.
corn,	Korn, Getreide,	du grain, du blé.
wheat,	Weizen,	du froment.
the straw,	das Stroh,	la paille.
barley,	Gerste,	de l'orge, f.
oats,	Hafer,	de l'avoine, f.
flax,	Flachs,	du lin.
the harvest,	die Ernbte,	la moisson.
a reaper,	ein Schnitter,	un moissonneur.
a barn,	eine Scheune,	une grange.
the grass,	das Gras,	l'herbe, f.
hay,	Heu,	du foin.
a sickle,	eine Sichel,	une faucille.
a scythe,	eine Sense,	une faux.
a hedge,	eine Hecke,	une haie.
a thorn,	ein Dorn,	une épine.
a cottage,	eine Hütte,	une chaumière.
a shepherd,	ein Schäfer,	un berger.
a wood,	ein Wald,	une forêt, un bois.
a grove,	ein Busch,	un bosquet.
a hill,	ein Hügel,	une colline.
a valley,	ein Thal,	une vallée.

11. Von den vierfüßigen Thieren.

An animal,	ein Thier,	un animal.
a horse,	ein Pferd,	un cheval.

a colt,	ein Füllen,	un poulin.
the bridle,	der Zaum,	la bride.
the saddle,	der Sattel,	la selle.
the spurs,	die Spornen,	les éperons, *m.*
an ass,	ein Esel,	un âne.
a mule,	ein Maulesel,	un mulet.
an ox,	ein Ochse,	un boeuf.
a cow,	eine Kuh,	une vache.
a bull,	ein Stier,	un taureau.
a calf,	ein Kalb,	un veau.
a sheep,	ein Schaf,	une brebis.
a lamb,	ein Lamm,	un agneau.
a ram,	ein Widder,	un bélier.
a she-goat,	eine Ziege,	une chèvre.
a he-goat,	ein Ziegenbock,	un bouc.
a hog,	ein Schwein,	un cochon.
the boar,	der Eber,	le verrat.
the sow,	die Sau,	la truie.
the stag,	der Hirsch,	le cerf.
the hind,	die Hindinn,	la biche.
the roe,	das Reh,	le chevreuil.
a bear,	ein Bär,	un ours.
a lion,	ein Löwe,	un lion.
a tiger,	ein Tiger,	un tigre.
an elephant,	ein Elephant,	un éléphant.
a wolf,	ein Wolf,	un loup.
a fox,	ein Fuchs,	un renard.
a squirrel,	ein Eichhorn,	un écureuil.
a hare,	ein Hase,	un lièvre.
a rabbit,	ein Kaninchen,	un lapin.
a dog,	ein Hund,	un chien.
a cat,	eine Katze,	un chat.

a rat,	eine Ratte,	un rat.
a mouse,	eine Maus,	une souris.
a mole,	ein Maulwurf,	une taupe.
an ape,	ein Affe,	un singe.

12. Von den Vögeln.

A bird,	ein Vogel,	un oiseau.
a wing,	ein Flügel,	une aile.
a feather,	eine Feder,	une plume.
the tail,	der Schwanz,	la queue.
the bill,	der Schnabel,	le bec.
a nest,	ein Nest,	un nid.
an egg,	ein Ei,	un oeuf.
a cage,	ein Vogelbauer,	une cage.
a sparrow,	ein Sperling,	un moineau.
a swallow,	eine Schwalbe,	une hirondelle.
a canary-bird,	ein Kanarienvogel,	un canari.
a nightingale,	eine Nachtigall,	un rossignol.
a parrot,	ein Papagei,	un perroquet.
a goldfinch,	ein Distelfink,	un chardonneret.
a linnet,	ein Hänfling,	une linotte.
a siskin,	ein Zeisig,	un serin.
a titmouse,	eine Meise,	une mésange.
a blackbird,	eine Amsel,	un merle.
a magpie,	eine Elster,	une pie.
a raven,	ein Rabe,	un corbeau.
a crow,	eine Krähe,	une corneille.
an owl,	eine Eule,	un hibou.
a bat,	eine Fledermaus,	une chauve-souris.
a falcon,	ein Falke,	un faucon.
an eagle,	ein Adler,	un aigle.
an ostrich,	ein Strauß,	une autruche.

a peacock,	ein Pfau,	un paon.
a swan,	ein Schwan,	un cygne.
a lark,	eine Lerche,	une alouette.
a quail,	eine Wachtel,	une caille.
a snipe,	eine Schnepfe,	une bécassine.
a pigeon,	eine Taube,	un pigeon.
a hen,	eine Henne,	une poule.
a chicken,	ein Küchlein,	un poulet.
a cock,	ein Hahn,	un coq.
a goose,	eine Gans,	une oie.
a duck,	eine Ente,	un canard.
a turkey- cock,	ein Truthahn,	un dindon.

13. Von den Fischen und Insekten.

A fish,	ein Fisch,	un poisson.
a carp,	ein Karpfen,	une carpe.
a pike,	ein Hecht,	un brochet.
a tench,	eine Schleie,	une tanche.
an eel,	ein Aal,	une anguille.
a trout,	eine Forelle,	une truite.
a cod,	ein Kabliau,	une morue.
a stock-fish,	ein Stockfisch,	une merluche.
a herring,	ein Häring,	un hareng.
a salmon,	ein Lachs, Salm,	un saumon.
a whale,	ein Walfisch,	une baleine.
a craw-fish,	ein Krebs,	une écrevisse.
an oyster,	eine Auster,	une huître.
a muscle,	eine Muschel,	une moule.
a serpent,	eine Schlange,	un serpent.
a lizard,	eine Eidechse,	un lézard.
a toad,	eine Kröte,	un crapaud.
a frog,	ein Frosch,	une grenouille.

an insect,	ein Inſekt,	un insecte.
a worm,	ein Wurm,	un ver.
a snail,	eine Schnecke,	un limaçon.
a caterpillar,	eine Raupe,	une chenille.
a leech,	ein Blutigel,	une sangsue.
a glowworm,	ein Johanniswürmchen,	un ver luisant.
a mite,	eine Milbe,	une mite.
a moth,	eine Motte,	une teigne.
an ant,	eine Ameiſe,	une fourmi.
a spider,	eine Spinne,	une araignée.
a flea,	ein Floh,	une puce.
a louse,	eine Laus,	un pou.
a bug,	eine Wanze,	une punaise.
a fly,	eine Fliege,	une mouche.
a gnat,	eine Mücke,	un moucheron.
a bee,	eine Biene,	une abeille.
a wasp,	eine Wespe,	une guêpe.
a butterfly,	ein Schmetterling,	un papillon.
a beetle,	ein Käfer,	un scarbot.
a may-bug,	ein Maikäfer,	un hanneton.
a cricket.	eine Grille,	un grillon.

14. Von den Bäumen und Blumen.

A tree,	ein Baum,	un arbre.
a fruit-tree,	ein Obſtbaum,	un arbre fruitier.
a plant,	eine Pflanze,	une plante.
a shrub,	ein Strauch,	un arbrisseau.
a branch,	ein Aſt,	une branche.
a bough,	ein Zweig,	un rameau.
a leaf,	ein Blatt,	une feuille.
a shoot,	eine Sproſſe,	un jet.
the trunk,	der Stamm,	le tronc.

the bark,	die Rinde,	l'écorce, *f.*
the root,	die Wurzel,	la racine.
an apple,	ein Apfel,	une pomme.
the apple-tree,	der Apfelbaum,	le pommier.
a pear,	eine Birne,	une poire.
the pear-tree,	der Birnbaum,	le poirier.
a plum,	eine Pflaume,	une prune.
the plum-tree,	der Pflaumenbaum,	le prunier.
a cherry,	eine Kirsche,	une cerise.
the cherry-tree,	der Kirschbaum,	le cerisier.
an apricot,	eine Aprikose,	un abricot.
the apricot-tree,	der Aprikosenbaum,	l'abricotier, *m.*
a peach,	ein Pfirsich,	une pêche.
the peach-tree,	der Pfirsichbaum,	le pêcher.
the stone,	der Stein,	le noyau.
the peel,	die Schaale,	la peau.
the stalk,	der Stiel,	la queue.
the kernel,	der Kern,	l'amande, *f.*
a fig,	eine Feige,	une figue.
a chesnut,	eine Kastanie,	un marron.
a walnut,	eine welsche Nuß,	une noix.
a hazel-nut,	eine Haselnuß,	une noisette.
a medlar,	eine Mispel,	une nèfle.
a mulberry,	eine Maulbeere,	une mûre.
raspberries,	Himbeeren,	des framboises, *f.*
strawberries,	Erdbeeren,	des fraises, *f.*
gooseberries,	Stachelbeeren,	des groseilles, *f.*
currants,	Johannisbeeren,	des groseilles épineuses.
an orange,	eine Pomeranze,	une orange.
a lemon,	eine Zitrone,	un citron.
a sweet-orange,	eine Apfelsine,	une orange douce.
an almond,	eine Mandel,	une amande.

raisins,	Rosinen,	des raisins secs, *m.*
a grape,	eine Weinbeere,	une grappe.
the oak,	die Eiche,	le chêne.
the elm,	die Ulme,	l'ormeau, *m.*
the lime-tree,	die Linde,	le tilleul.
the ash,	die Esche,	le frêne.
the beech,	die Buche,	le hêtre.
the fir,	die Tanne,	le sapin.
the pine,	die Fichte,	le pin.
the birch,	die Birke,	le bouleau.
the alder,	die Erle,	l'aune, *m.*
the willow,	die Weide,	le saule.
the osier,	die Wasserweide,	l'osier, *m.*
the reed,	das Schilfrohr,	le roseau.
the poplar,	die Pappel,	le peuplier.
a flower,	eine Blume,	une fleur.
a rose,	eine Rose,	une rose.
a tulip,	eine Tulpe,	une tulipe.
a violet,	ein Veilchen,	une violette.
a lily,	eine Lilie,	un lis.
a may-lily,	ein Maiblümchen,	un muguet.
a gilliflower,	eine Levkoje,	une giroflée.
a pink,	eine Nelke,	un oeillet.
a hyacinth,	eine Hyacinthe,	une hyacinthe.
a blue-bottle,	eine Kornblume,	un bluet.
a turnsol,	eine Sonnenblume,	un tournesol.
the ranuncle,	die Ranunkel,	la renoncule.
a nosegay,	ein Strauß,	un bouquet.
a flower-pot,	ein Blumentopf,	un pot à fleurs.

15. Von den Kräutern und Wurzeln.

An herb,	ein Kraut,	une herbe.
a root,	eine Wurzel,	une racine.
vegetables,	Gemüse,	des légumes, *m.*
spinage,	Spinat,	des épinards, *m.*
cabbage,	Kohl,	des choux, *m.*
cole-worts,	Weißkohl,	des choux-verts, *m.*
cauliflowers,	Blumenkohl,	des choux-fleurs, *m.*
a turnip,	eine Rübe,	un navet.
a carrot,	eine gelbe Rübe,	une carotte.
beets,	rothe Rüben,	des betteraves, *f.*
potatoes,	Kartoffeln,	des pommes de terre, *f.*
pease,	Erbsen,	des pois, *m.*
beans,	Bohnen,	des fèves, *f.* des haricots.
lentils,	Linsen,	des lehtilles, *f.*
salad,	Salat,	de la salade.
lettice,	Lattich,	de la laitue.
cresses,	Kresse,	du cresson.
celery,	Sellerie,	du céleri.
parsley,	Petersilie,	du persil.
sorrel,	Sauerampfer,	de l'oseille, *f.*
radish,	Rettig,	des radis, *m.*
garlick,	Knoblauch,	de l'ail, *m.*
an onion,	eine Zwiebel,	un oignon.
a melon,	eine Melone,	un mélon.
a cucumber,	eine Gurke,	une concombre.
weed,	Unkraut,	de mauvaise herbe, *f.*
nettles,	Nesseln,	des orties, *f.*
thistles,	Disteln,	des chardons, *m.*

16. Von der Zeit.

Time,	die Zeit,	le temps.
the season,	die Jahreszeit,	la saison.
the spring,	der Frühling,	le printemps.
the summer,	der Sommer,	l'été, m.
the autumn,	der Herbst,	l'automne, m.
the winter,	der Winter,	l'hiver, m.
the year,	das Jahr,	l'an, m., l'année, f.
an age, a century,	ein Jahrhundert,	un siècle.
a month,	ein Monat,	un mois.
january,	Januar,	janvier.
february,	Februar,	février.
march,	März,	mars.
april,	April,	avril.
may,	Mai,	mai.
june,	Juni,	juin.
july,	Juli,	juillet.
august,	August,	août.
september,	September,	septembre.
october,	Oktober,	octobre.
november,	November,	novembre.
december,	Dezember,	décembre.
a week,	eine Woche,	une semaine.
a day,	ein Tag,	un jour.
a holiday,	ein Feiertag,	un jour de fête.
a workday,	ein Werktag,	un jour ouvrable.
sunday,	Sonntag,	dimanche.
monday,	Montag,	lundi.
tuesday,	Dinstag,	mardi.
wednesday,	Mittwoch,	mercredi.
thursday,	Donnerstag,	jeudi.
friday,	Freitag,	vendredi.

saturday,	Samstag,	samedi.
an hour,	eine Stunde,	une heure.
half an hour,	eine halbe Stunde,	une demi-heure.
a quarter of an hour,	eine Viertelstunde,	un quart d'heure.
a minute,	eine Minute,	une minute.
a second,	eine Sekunde,	une seconde.
a moment, an instant,	ein Augenblick,	un moment, un instant.
the morning,	der Morgen,	le matin.
the forenoon,	der Vormittag,	la matinée.
noon,	Mittag,	midi, m.
the afternoon,	der Nachmittag,	l'après-midi, f.
the evening,	der Abend,	le soir, la soirée.
the night,	die Nacht,	la nuit.
midnight,	Mitternacht,	minuit, m.
sunrise,	der Sonnenaufgang,	le lever du soleil.
sunset,	der Sonnenuntergang,	le coucher du soleil.
New-year's day,	der Neujahrstag,	le jour de l'an.
Candlemas,	Lichtmeß,	la chandeleur.
Shrovetide,	Fasching,	le carneval.
Lent,	die Fasten,	le carême.
Easter,	Ostern,	pâques, m.
Whitsuntide,	Pfingsten,	la pentecôte.
Christmas,	Weihnachten,	noël, m.

17. Von der Schule.

The school,	die Schule,	l'école, f.
a teacher,	ein Lehrer,	un maître.
a pupil,	ein Zögling,	un élève.
a scholar,	ein Student,	un étudiant.
a school-boy,	ein Schüler,	un écolier.
a desk,	ein Pult,	un pupitre.
paper,	Papier,	du papier.

a sheet of paper,	ein Bogen Papier,	une feuille de papier.
a quire,	ein Buch Papier,	une main de papier.
blotting-paper,	Löschpapier,	du papier brouillard.
pasteboard,	Pappendeckel,	du carton.
a copy-book,	ein Heft,	un cahier.
a ruler,	ein Lineal,	une règle.
a line,	eine Zeile,	une ligne.
a blot,	ein Dintenfleck,	une tache d'encre.
a pen,	eine Feder,	une plume.
a pencil,	eine Bleifeder,	un crayon.
the barrel,	der Kiel,	le tuyau.
the slit,	der Spalt,	la fente.
a penknife,	ein Federmesser,	un canif.
ink,	Dinte,	de l'encre, f.
an inkstand,	ein Dintenfaß,	un encrier.
sand,	Sand,	de la poudre.
a sand-box,	eine Sandbüchse,	un poudrier.
a copy,	eine Vorschrift,	un exemple.
a writing,	eine Schrift,	une écriture.
a book,	ein Buch,	un livre.
the binding,	der Einband,	la reliure.
a leaf,	ein Blatt,	une feuille.
a page,	eine Seite,	une page.
the title,	der Titel,	le titre.
a tongue,	eine Sprache,	une langue.
a grammar,	eine Sprachlehre,	une grammaire.
a dictionary,	ein Wörterbuch,	un dictionnaire.
a translation,	eine Uebersetzung,	une version.
an exercise,	eine Aufgabe,	un thème.
a fault,	ein Fehler,	une faute.
the slate,	die Rechentafel,	l'ardoise, f.
the slate pencil,	der Griffel,	la touche.

the number,	die Zahl,	le nombre.
a letter,	ein Brief,	une lettre.
sealing-wax,	Siegellack,	de la cire.
a wafer,	eine Oblate,	un pain à cacheter.
the seal,	das Pettschaft,	le cachet.

18. Von den Spielen.

A play, a game,	ein Spiel,	un jeu.
playthings,	das Spielzeug,	des jouets, m.
a ball,	ein Ball,	une balle.
a top,	ein Kreisel,	une toupie.
a whistle,	ein Pfeifchen,	un sifflet.
a kite,	ein Drachen,	un cerf-volant.
a doll,	eine Puppe,	une poupée.
stilts,	Stelzen,	des échasses, f.
a swing,	eine Schaukel,	une balançoire.
blindman's-buff,	Blindekuh,	colin-maillard, m.
even and odd,	Gleich und Ungleich,	pair et impair.
running,	das Laufen,	la course.
leaping,	das Springen,	le saut.
nine-pins,	das Kegelspiel,	le jeu de quilles.
chess,	das Schachspiel,	les échecs, m.
draughts,	das Damenspiel,	le jeu de dames.
a die,	ein Würfel,	un dé.
cards,	Karten,	des cartes, f.
the gain,	der Gewinn,	le gain.
the loss,	der Verlust,	la perte.

19. Von der Kirche.

| A church, | eine Kirche, | une église. |
| the parish, | das Kirchspiel, | la paroisse. |

the choir,	der Chor,	le choeur.
an altar,	ein Altar,	un autel.
the pulpit,	die Kanzel,	la chaire.
the vestry,	die Sakristei,	la sacristie.
a chapel,	eine Kapelle,	une chapelle.
the steeple,	der Kirchthurm,	le clocher.
a bell,	eine Glocke,	une cloche.
a clock,	eine Uhr,	une horloge.
the church-yard,	der Kirchhof,	le cimetière.
a tomb,	ein Grabmal,	une tombe.
a grave,	ein Grab,	un tombeau.
a coffin,	ein Sarg,	un cercueil.
a burial,	ein Begräbniß,	un enterrement.
the mourning,	die Trauer,	le deuil.
the funeral,	das Leichenbegängniß,	les funérailles, f.
a taper,	eine Wachskerze,	une cierge.
the mass,	die Messe,	la messe.
a bishop,	ein Bischof,	un évèque.
a canon,	ein Domherr,	un chanoine.
the pope,	der Papst,	le pape.
a clergyman,	ein Geistlicher,	un ecclésiastique.
a priest, a parson,	ein Priester,	un prêtre.
an abbot,	ein Abt,	un abbé.
a rector,	ein Pfarrer,	un curé.
a curate,	ein Vikar,	un vicaire.
a preacher,	ein Prediger,	un prédicateur.
a chaplain,	ein Kaplan,	un chapelain.
divine service,	der Gottesdienst,	le service divin.
a sermon,	eine Predigt,	un sermon.
a prayer,	ein Gebet,	une prière.
the Lord's prayer,	das Vaterunser,	l'oraison dominicale.
the bible,	die Bibel,	la bible.

the gospel,	das Evangelium,	l'évangile, *m.*
a christian,	ein Christ,	un chrétien.
a jew,	ein Jude,	un juif.
a pagan,	ein Heide,	un païen.

20. Vom Handel.

The merchant,	der Kaufmann,	le négociant.
the trader,	der Handelsmann,	le marchand.
the retailer,	der Kleinhändler,	le mercier.
the partner,	der Gesellschafter,	l'associé, *m.*
the counting-house,	das Komptoir,	le comptoir, le bureau.
a book-keeper,	ein Buchhalter,	un teneur de livres.
a clerk,	ein Kommis,	un commis.
a changer,	ein Wechsler,	un changeur de monnaie.
a banker,	ein Bankier,	un banquier.
a broker,	ein Makler,	un courtier.
a debtor,	ein Schuldner,	un débiteur.
a creditor,	ein Gläubiger,	un créancier.
an invoice,	eine Faktur,	une facture.
a bill of exchange,	ein Wechsel,	une lettre de change.
the payment,	die Zahlung,	le paiement.
the receipt,	die Quittung,	le reçu.
a buyer, purchaser,	ein Käufer,	un acheteur.
a seller,	ein Verkäufer,	un vendeur.
a shop,	ein Laden,	une boutique.
a magazine,	ein Magazin,	un magasin.
merchandize,	die Waare,	la marchandise.
business,	das Geschäft,	l'affaire, *f.*
loss,	der Verlust,	la perte.
profit,	der Vortheil,	le profit.
gain,	der Gewinn,	le gain.
the measure,	das Maaß,	la mesure.

a foot,	ein Fuß,	un pied.
an inch,	ein Zoll,	un pouce.
an ell, a yard,	eine Elle,	une aune.
a bushel,	ein Scheffel,	un boisseau.
a tun,	eine Tonne,	un tonneau.
the weight,	das Gewicht,	le poids.
a pound,	ein Pfund,	une livre.
money,	Geld,	de l'argent, m.
change,	klein Geld,	de la monnaie.
ready money,	baar Geld,	de l'argent comptant.
a lewis,	ein Louisd'or,	un louis.
a guinea,	eine Guinee,	une guinée.
a crown,	eine Krone,	une couronne.
a dollar,	ein Thaler,	un écu.
a penny,	ein Stüber,	un sou.
a halfpenny,	ein halber Stüber,	un demi-sou.
a twopence,	zwei Stüber,	deux sous.
a farthing,	ein Heller,	un liard.

21. Vom Kriege.

The war,	der Krieg,	la guerre.
a campaign,	ein Feldzug,	une campagne.
an army,	ein Heer,	une armée.
the exercise,	die Uebung,	les exercices, m.
a soldier,	ein Soldat,	un soldat.
troops,	Truppen,	des troupes, f.
the infantry,	das Fußvolk,	l'infanterie, f.
the vanguard,	der Vortrab,	l'avant-garde, f.
the rear,	die Nachhut,	l'arrière-garde, f.
a squadron,	eine Schwadron,	un escadron.
a battalion,	ein Bataillon,	un bataillon.
a regiment,	ein Regiment,	un régiment.

a company,	eine Kompagnie,	une compagnie.
an officer,	ein Offizier,	un officier.
the colonel,	der Oberst,	le colonel.
the major,	der Major,	le major.
the captain,	der Hauptmann,	le capitaine.
the lieutenant,	der Lieutenant,	le lieutenant.
the ensign,	der Fähnrich,	le porte-drapeau.
a drummer,	ein Trommler,	un tambour.
a horseman,	ein Reiter,	un cavalier.
a foot-soldier,	ein Infanterist,	un fantassin.
a sentinel,	eine Schildwache,	une sentinelle.
a spy,	ein Spion,	un espion.
a deserter,	ein Ausreißer,	un déserteur.
the head-quarters,	das Hauptquartier,	le quartier-général.
the fight,	das Treffen,	le combat.
the battle,	die Schlacht,	la bataille.
the retreat,	der Rückzug,	la retraite.
the flight,	die Flucht,	la fuite.
the defeat,	die Niederlage,	la défaite.
a fortress,	eine Festung,	une forteresse.
a siege,	eine Belagerung,	un siége.
a tent,	ein Zelt,	une tente.
arms,	Waffen,	des armes, f.
a cannon,	eine Kanone,	un canon.
a sword,	ein Schwert,	une épée.
a sabre,	ein Säbel,	un sabre.
a fusee,	eine Flinte,	un fusil.
a pistol,	eine Pistole,	un pistolet.
the barrel,	der Lauf,	le canon.
the lock,	das Schloß,	la platine.
the pan,	die Zündpfanne,	le bassinet.
the cock,	der Hahn,	le chien.

the touch-hole,	das Zündloch,	la lumière.
the but-end,	der Kolben,	la crosse.
the rammer,	der Labstock,	la baguette.
a bullet,	eine Kugel,	une balle.
a shot,	ein Schuß,	un coup.
powder,	das Pulver,	la póudre.
a lance,	eine Lanze,	une lance.
a pike,	eine Pike,	une pique.
the standard,	die Standarte,	l'étendard, m.
the colours,	die Fahne,	le drapeau.
a drum,	eine Trommel,	une caisse.
the pay,	der Sold,	la solde.
the truce,	der Waffenstillstand,	la trève, l'armistice, m.
the peace,	der Frieden,	la paix.
the victory,	der Sieg,	la victoire.

22. Von der Seele und ihren Vermögen.

The soul,	die Seele,	l'ame, f.
the mind,	der Geist,	l'esprit, m.
reason,	die Vernunft,	la raison.
the understanding,	der Verstand,	l'entendement, m.
the thought,	der Gedanke,	la pensée.
the fancy,	die Einbildung,	l'imagination, f.
memory,	das Gedächtniß,	la mémoire.
wit,	der Witz,	l'esprit, m.
the will,	der Wille,	la volonté.
liberty,	die Freiheit,	la liberté.
love,	die Liebe,	l'amour, m.
hatred,	der Haß,	la haine.
desire,	das Verlangen,	le désir.
fear,	die Furcht,	la peur, la crainte.
hope,	die Hoffnung,	l'espérance, f.

trust,	das Vertrauen,	la confiance.
shame,	die Scham,	la honte.
truth,	die Wahrheit,	la vérité.
likelyhood,	die Wahrscheinlichkeit,	la vraisemblance.
a lie,	eine Lüge,	un mensonge.
an oath,	ein Eid,	un serment.
the mistake,	das Mißverständniß,	le malentendu.
the oversight,	das Versehen,	la mégarde.
anger,	der Verdruß,	le chagrin.
wrath,	der Zorn,	la colère.
fury,	die Wuth,	la fureur.
spite,	der Aerger,	le dépit.
a quarrel,	ein Streit,	une dispute.
an injury,	eine Beleidigung,	une injure.
joy,	die Freude,	la joie.
pleasure,	das Vergnügen,	le plaisir.
displeasure,	das Mißvergnügen,	le déplaisir.
sadness,	die Traurigkeit,	la tristesse.
grief,	der Gram,	le chagrin.
trouble,	Mühe, Kummer,	le trouble, la peine.
despair,	die Verzweiflung,	le désespoir.
suspicion,	der Argwohn,	le soupçon.
envy,	der Neid,	l'envie, f.
jealousy,	die Eifersucht,	la jalousie.
pity,	das Mitleiden,	la pitié.
goodness,	die Güte,	la bonté.
friendship,	die Freundschaft,	l'amitié, f.
quiet,	die Ruhe,	le repos.
skill,	die Geschicklichkeit,	l'habileté, l'adresse, f.
honesty,	die Ehrlichkeit,	l'honnêteté, f.
virtue,	die Tugend,	la vertu.
wisdom,	die Weisheit,	la sagesse.

prudence,	die Klugheit,	la prudence.
cunning,	die List,	la ruse.
gratefulnefs,	die Dankbarkeit,	la reconnaissance.
parsimony,	die Sparsamkeit,	l'économie, *f.*
fame,	der Ruf,	la renemmée.
vice,	das Laster,	le vice.
covetousness,	der Geiz,	l'avarice, *f.*
pride,	der Stolz,	l'orgueil, *m.*
idleness,	der Müßiggang,	l'oisiveté, *f.*
laziness,	die Faulheit,	la paresse.
scorn, contempt,	die Verachtung,	le mépris.
slander,	die Verläumbung,	la médisance.
wickedness,	die Bosheit,	la méchanceté.
deceit,	der Betrug,	la fourberie.
cruelty,	die Grausamkeit,	la cruauté.
treachery,	der Verrath,	la trahison.
piety,	die Frömmigkeit,	la piété.
sincerity,	die Aufrichtigkeit,	la sincérité.
patience,	die Gebuld,	la patience.
modesty,	die Bescheidenheit,	la modestie.
justice,	die Gerechtigkeit,	la justice.
complaisance,	die Gefälligkeit,	la complaisance.
conscience,	das Gewiffen,	la conscience.
honour,	die Ehre,	l'honneur, *m.*
glory,	der Ruhm,	la gloire.
courage,	der Muth,	le courage.
esteem,	die Hochachtung,	l'estime, *f.*
vanity,	die Eitelkeit,	la vanité.
diligence,	der Fleiß,	l'application, *f.*
fidelity,	die Treue,	la fidélité.
flattery,	die Schmeichelei,	la flatterie.
civility,	die Höflichkeit,	la civilité.

2. Eigenſchaftswörter.

Light,	hell, licht,	clair.
dark,	dunkel,	obscur.
dim,	düſter,	sombre.
black,	ſchwarz,	noir.
blue,	blau;	bleu.
gray,	grau,	gris.
green,	grün,	vert.
red,	roth,	rouge.
white,	weiß,	blanc.
yellow,	gelb,	jaune.
brown,	braun,	brun.

great, large,	groß,	grand.
little, small,	klein,	petit.
broad,	breit,	large.
narrow,	ſchmal,	étroit.
long,	lang,	long.
short,	kurz,	court.
high,	hoch,	haut.
low,	niedrig,	bas.

bald,	kahl,	chauve.
bare,	nackt,	nu.
big,	dick,	gros.
clean,	rein,	propre.
clear,	klar,	clair.
dead,	todt,	mort.
debile,	ſchwach,	faible.

deep,	tief,	profond.
empty,	leer,	vide.

---

fat,	fett,	gras.
full,	voll,	plein.
fluid,	flüssig,	fluide.
fresh,	frisch,	frais.
heavy,	schwer,	lourd.
hollow,	hohl,	creux.
lame,	lahm,	paralytique.
lank,	schlank,	dégagé.
lean,	hager,	maigre.
limpid,	hell,	limpide.
muck,	naß,	mouillé.
mature,	reif,	mûr.
open,	offen,	ouvert.
rude,	roh,	rude.
sick,	krank, stech,	malade.
round,	rund,	rond.
steep,	steil,	escarpé.
strong,	stark,	fort.
tender,	zart,	tendre.
thin,	dünn,	mince, menu.
weak,	schwach,	faible.
whole,	ganz,	entier.

---

bitter,	bitter,	amer.
sweet,	süß,	doux.
sour,	sauer,	aigre.
harsh,	rauh, heiser,	enroué.

loud,	laut,	haut.
soft,	leife,	bas.
acute,	fpitz,	aigu.
blunt,	ftumpf,	obtus.
cold,	falt,	froid.
hard,	hart,	dur.
hot,	warm, heiß,	chaud.
soft, smooth,	weich, fanft,	doux.
wet,	naß,	humide.

calm,	ruhig,	calme.
slow,	langfam,	lent.
swift,	fchnell,	vite.
tardy,	zögernd,	tardif.
right,	recht,	droit.
left,	linf,	gauche.

old,	alt,	vieux.
new,	neu,	nouveau.
young,	jung,	jeune.
early,	früh,	tôt.
late,	fpät,	tard.
near,	nahe,	proche.
far,	fern,	éloigné.

alert,	munter,	alerte.
bad,	fchlecht,	mauvais.
bold, hardy,	dreift,	hardi.
brief,	furz,	bref.

cruel,	graufam,	cruel.
dear,	theuer,	cher.
fair,	fchön,	beau.
false,	falfch,	faux.
feeble,	fchwach,	faible.
faithful,	treu,	fidèle.
gay,	luftig,	gai.
good,	gut,	bon.
grave,	ernft,	sérieux, grave.
holy,	heilig,	saint.
idle,	müffig,	oisif.
ill,	übel,	mal, mauvais.
just,	recht,	juste.
kind,	gütig,	bénin.
lazy,	faul,	paresseux.
like,	ähnlich,	semblable.
mad,	toll,	fou.
main,	hauptfächlich,	principal.
malign,	boshaft,	malin.
manifest,	offenbar,	manifeste.
mean,	mittelmäßig,	médiocre.
merry,	luftig,	joyeux.
mild,	mild,	doux.
neat,	nieblich,	joli.
noble,	ebel,	noble.
own,	eigen,	propre.
poor,	arm,	pauvre.
prompt,	pünktlich,	prompt.
pretty,	nieblich,	joli.
quick,	lebhaft, fchnell,	vif.
quit,	los,	quitte.
real,	wirklich,	réel.

rich,	reich,	riche.
right,	recht,	droit.
ripe,	reif,	mûr.
sad,	traurig,	triste.
safe,	sicher,	sauf.
saint,	heilig,	saint.
scald,	armselig,	chétif.
secret,	heimlich,	secret.
secure,	sicher,	sûr.
severe,	strenge,	sévère.
simple,	einfach,	simple.
sincere,	offenherzig,	sincère.
single,	einsam,	solitaire.
sly,	schlau,	rusé.
sober,	mäßig,	sobre.
sorry,	traurig, betrübt,	fâché.
solemn,	feierlich,	solemnel.
splendid,	glänzend,	splendide.
strange,	fremd,	étrange.
tame,	zahm,	domestique.
true,	wahr,	vrai.
vain,	eitel,	vain.
vigil,	wachsam,	vigilánt.
weary,	müde,	las.
wild,	wild,	sauvage.
wise,	weise,	sage.
worth,	werth,	digne.

absent,	entfernt,	absent.
patient,	geduldig,	patient.
abundant,	überflüssig,	abondant.
constant,	beständig,	constant.

able,	fähig,	capable.
abominable,	abscheulich,	abominable.
admirable,	bewundernswerth,	admirable.
curious,	neugierig,	curieux.
ambitious,	ehrgeizig,	ambitieux.
active,	thätig,	actif.
regular,	regelmäßig,	régulier.

3. Zahlwörter.

1. Hauptzahlen.

One,	eins,	un.
two,	zwei,	deux.
three,	drei,	trois.
four,	vier,	quatre.
five,	fünf,	cinq.
six,	sechs,	six.
seven,	sieben,	sept.
eight,	acht,	huit.
nine,	neun,	neuf.
ten,	zehn,	dix.
eleven,	elf,	onze.
twelve,	zwölf,	douze.
thirteen,	dreizehn,	treize.
fourteen,	vierzehn,	quatorze.
fifteen,	fünfzehn,	quinze.
sixteen,	sechszehn,	seize.
seventeen,	siebzehn,	dix-sept.
eighteen,	achtzehn,	dix-huit.
nineteen,	neunzehn,	dix-neuf.
twenty,	zwanzig,	vingt.

twenty-one, one and twenty,	ein und zwanzig,	vingt-un. vingt et un.
thirty,	dreißig,	trente.
forty,	vierzig,	quarante.
fifty,	fünfzig,	cinquante.
sixty,	sechzig,	soixante.
seventy,	siebenzig,	soixante-dix.
eighty,	achtzig,	quatre-vingt.
ninety,	neunzig,	quatre-vingt dix.
a hundred,	hundert,	cent.
a thousand,	tausend,	mille.
a million,	eine Million,	un million.

2. Ordnungszahlen.

The first,	der erste,	le premier.
the second,	der zweite,	le second.
the third,	der dritte,	le troisième.
the fourth,	der vierte,	le quatrième.
the fifth,	der fünfte,	le cinquième.
the sixth,	der sechste,	le sixième.
the seventh,	der siebente,	le septième.
the eighth,	der achte,	le huitième.
the ninth,	der neunte,	le neuvième.
the tenth,	der zehnte,	le dixième.
the twentieth,	der zwanzigste,	le vingtième.
the hundredth,	der hundertste,	le centième.

firstly,	erstens,	premièrement.
secondly,	zweitens,	secondement.
thirdly,	drittens,	troisièmement.
in the fourth place,	viertens,	quatrièmement. en quatrième lieu.

single,	einfach,	simple.
double,	doppelt,	double.
treble,	dreifach,	triple.
fourfold,	vierfach,	quadruple.

once,	einmal,	une fois.
twice,	zweimal,	deux fois.
thrice,	dreimal,	trois fois.
fourtimes,	viermal,	quatre fois.
fivetimes,	fünfmal,	cinq fois.

the half,	die Hälfte,	la moitié.
the third,	das Drittel,	le tiers.
a sixth,	ein Sechstel,	un sixième.

4. Zeitwörter.

to eat,	essen,	manger.
— drink,	trinken,	boire.
— sleep,	schlafen,	dormir.
— awake,	wecken,	éveiller.
— rise,	aufstehen,	se lever.
— dress,	ankleiden,	habiller.
— undress,	auskleiden,	déshabiller.
— wash,	waschen,	laver.
— wipe,	trocknen,	essuyer.
— breakfast,	frühstücken,	déjeûner.
— dine,	zu Mittag essen,	dîner.
— sup,	zu Abend essen,	souper.
— dream,	träumen,	rêver.
— write,	schreiben,	écrire.
— read,	lesen,	lire.

to speak,	sprechen,	parler.
— owe,	schuldig seyn,	devoir.
— pay,	bezahlen,	payer.
— lend,	leihen,	prêter.
— borrow,	borgen,	emprunter.
— seek,	suchen,	chercher.
— fetch,	holen,	quérir.
— love,	lieben,	aimer.
— like,	gerne haben,	aimer.
— esteem,	schätzen,	estimer.
— hate,	hassen,	haïr.
— despise,	verachten,	mépriser.
— think,	denken,	penser.
— walk,	gehen,	marcher.
— ride,	reiten,	aller à cheval.
— arrive,	ankommen,	arriver.
— come,	kommen,	venir.
— go,	gehen,	aller.
— conceal,	verbergen,	cacher.
— cover,	bedecken,	couvrir.
— warm,	wärmen,	chauffer.
— sing,	singen,	chanter.
— tell,	erzählen,	raconter.
— say,	sagen,	dire.
— call,	rufen,	appeler.
— carry,	tragen,	porter.
— approach,	nähern,	approcher.
— approve,	billigen,	approuver.
— salute,	grüßen,	saluer.
— wound,	verwunden,	blesser.
— kill,	tödten,	tuer.
— murder,	morden,	assassiner.

to bake,	backen,	cuire.
— boil,	fieben,	bouillir.
— roast,	braten,	rôtir.
— sow,	fäen,	semer.
— grow,	wachfen,	croître.
— ripen,	reifen,	mûrir.
— swim,	fchwimmen,	nager.
— bite,	beißen,	mordre.
— fly,	fliegen,	voler.
— steal,	ftehlen,	voler, dérober.
— stand,	ftehen,	être debout.
— sit,	fißen,	être assis.
— lay,	feßen, legen,	mettre.
— lie,	lügen,	mentir.
— laugh,	lachen,	rire.
— bark,	bellen,	aboyer.
— shoot,	fchießen,	tirer.
— hear,	hören,	entendre.
— understand,	verftehen,	comprendre.
— listen,	horchen,	écouter.
— believe,	glauben,	croire.
— take,	nehmen,	prendre.
— give,	geben,	donner.
— ask,	fragen,	demander.
— own,	geftehen,	avouer.
— accuse,	befchuldigen,	accuser.
— allow,	zugeftehen,	accorder.
— answer,	antworten,	répondre.
— beat,	fchlagen,	battre.
— bind,	binden,	lier.
— betray,	verrathen,	trahir.
— bless,	fegnen,	bénir.
— blow,	blafen,	souffler.

to break,	brechen,	rompre.
— die,	sterben,	mourir.
— build,	bauen,	bâtir.
— buy,	kaufen,	acheter.
— sell,	verkaufen,	vendre.
— charm,	entzücken,	charmer.
— choose,	wählen,	choisir.
— clean,	reinigen,	nettoyer.
— dirt,	beschmutzen,	salir.
— forget,	vergessen,	oublier.
— cut,	schneiden,	couper.
— excuse,	entschuldigen,	excuser.
— fall,	fallen,	tomber.
— kiss,	küssen,	baiser.
— learn,	lernen,	apprendre.
— live,	leben,	vivre.
— wish,	wünschen,	souhaiter.
— marry,	heirathen,	marier.
— obey,	gehorchen,	obéir.
— paint,	malen,	peindre.
— draw,	zeichnen,	dessiner.
— please,	gefallen,	plaire.
— displease,	mißfallen,	déplaire.
— protect,	beschützen,	protéger.
— rain,	regnen,	pleuvoir.
— hail,	hageln,	grêler.
— snow,	schneien,	neiger.
— thunder,	donnern,	tonner.
— lighten,	blitzen,	faire des éclairs.
— refuse,	verweigern,	refuser.
— run,	laufen,	courir.
— see,	sehen,	voir.

to smell,	riechen,	sentir.
— feel,	fühlen,	toucher.
— sneeze,	nießen,	éternuer.
— spit,	spucken,	cracher.
— strike,	schlagen,	frapper.
— teach,	lehren,	enseigner.
— try,	versuchen,	essayer.
— want,	nöthig haben,	avoir besoin.
— begin,	anfangen,	commencer.
— finish,	endigen,	finir.
— blame,	tadeln,	blâmer.
— stop,	verstopfen,	boucher.
— burn,	verbrennen,	brûler.
— change,	verändern,	changer.
— load,	belasten,	charger.
— look for,	suchen,	chercher.
— leave,	verlassen,	quitter.
— thank,	danken,	remercier.
— praise,	loben,	louer.
— fill,	füllen,	remplir.
— punish,	strafen,	punir.
— receive,	empfangen,	recevoir.
— conceive,	begreifen,	concevoir.
— join,	vereinigen,	joindre.
— dwell,	wohnen,	demeurer.

5. Verhältnißwörter.

above,	über,	au dessus de.
about,	um,	autour, environ.
after,	nach,	après.
against,	gegen,	contre.
along,	Längs,	le long de.

amongst,	unter,	parmi.
amidst,	mitten in,	au milieu de.
at,	bei, zu,	à, chez.
before,	vor,	avant, devant.
besides,	außer,	outre.
behind,	hinter,	derrière.
below,	unter,	au dessous de.
between,	zwischen,	entre.
beyond,	jenseit,	au delà.
by,	durch, von,	auprès, par.
during,	während,	durant.
for,	für,	pour.
from,	von,	de.
in,	in (wo),	en, dans.
into,	in (wohin),	en, dans.
instead of,	anstatt,	au lieu de.
near,	nahe bei,	près de.
over,	über,	par dessus.
off,	ab, weg,	loin.
on,	an, auf,	sur.
out of,	außer,	hors de.
round,	um, rings,	autour.
since,	seit,	depuis.
through,	durch,	au travers de.
till, untill,	bis,	jusque.
to, unto,	zu,	à.
towards,	gegen,	vers, envers.
under,	unter,	sous.
upon,	auf,	sur.
with,	mit,	avec.
within,	innerhalb,	en dedans de.
without,	außerhalb, ohne,	au dehors de, sans.

6. Umſtandswörter.

Never,	niemals,	jamais.
nothing,	nichts,	rien.
not at all,	gar nicht,	point du tout.
no more,	mehr nicht,	pas plus.
not,	nicht,	pas, point.
by no means,	keineswegs,	nullement.
indeed,	in der That,	en effet.
quite,	gänzlich,	entièrement.
more,	mehr,	plus.
at least,	wenigſtens,	au moins.
much,	viel,	beaucoup.
too much,	zu viel,	trop.
enough,	genug,	assez.
little;	wenig,	peu.
at once,	auf einmal,	à la fois.
together,	zuſammen,	ensemble.
by turns,	abwechſelnd,	tour à tour.
every where,	überall,	partout.
nowhere,	nirgend,	nulle part.
now,	nun,	à présent.
to-day,	heute,	aujourd'hui.
yesterday,	geſtern,	hier.
the day before yesterday,	vorgeſtern,	avant-hier.
formerly,	ſonſt,	autrefois.
lately,	letzthin,	dernièrement.
not long ago,	vor kurzem,	il n'y a pas longtemps.
to-morrow,	morgen,	demain.
after to-morrow,	übermorgen,	après demain.
henceforth,	künftig,	à l'avenir, dorénavant.
often,	oft,	souvent.

7

suddenly,	plötzlich,	tout à coup.
always,	immer,	toujours.
commonly,	gewöhnlich,	ordinairement.
betimes,	frühzeitig,	à temps.
now and then,	dann und wann,	de temps à autre.
where,	wo,	où.
whence,	woher,	d'où.
here,	hier,	ici.
hence,	von hier,	d'ici.
there,	da,	là.
thence,	von da,	de là.
yonder,	dort,	là bas.
elsewhere,	anderswo,	ailleurs.
at present,	jetzt,	à présent.
up and down,	hin und her,	ça et là.
likewise,	gleichfalls,	pareillement.
almost,	fast,	presque.

7. Bindewörter.

And,	und,	et.
also, too,	auch,	aussi.
though,	obschon,	quoique.
as,	da, als,	comme.
because,	weil,	parce que.
both,	beides,	l'un et l'autre.
but,	aber, sondern,	mais.
either-or,	entweder=oder,	ou, ou.
for,	denn,	car.
however,	indeß,	cependant.
if,	wenn,	si.
lest,	damit nicht,	de peur que.

neither-nor,	weder-noch,	ni, ni.
else,	sonst,	autrement.
notwithstanding,	ungeachtet,	nonobstant, malgré.
nevertheless,	nichts besto weniger,	néanmoins.
that,	daß,	que.
since,	indem, weil,	puisque.
than,	als,	que.
then,	dann,	alors.
therefore,	daher,	c'est pourquoi.
wherefore,	weshalb,	pourquoi.
when,	wann,	quand, lorsque.
unless,	wenn nicht,	à moins que.
yet,	doch,	toutefois.

Zweite Abtheilung.

Leichte Rebensarten des geselligen Umgangs.

1. Zusammentreffen.

Good morning, Sir.	Guten Morgen, mein Herr.	Bon jour, Monsieur.
I have the honour to wish you a good morning.	Ich habe die Ehre, Ihnen guten Morgen zu wünschen.	J'ai l'honneur de vous souhaiter le bon jour.
How do you do to-day?	Wie befinden Sie sich heute?	Comment vous portez-vous aujourd'hui?
I hope you are in good health.	Ich hoffe, daß Sie sich wohl befinden.	J'espère que vous êtes en bonne santé.
I am very well.	Ich befinde mich sehr wohl.	Je me porte fort bien.
How does your father do?	Wie befindet sich Ihr Herr Vater?	Comment se porte monsieur votre père?
He is very well, Sir.	Er befindet sich sehr wohl.	Il se porte très bien, Monsieur.
And how is your mother?	Und Ihre Frau Mutter?	Et madame votre mère?
My mother is a little better to-day.	Meine Mutter befindet sich heute ein wenig besser.	Ma mère se porte un peu mieux aujourd'bui.
She is a good deal better.	Sie befindet sich viel besser.	Elle se porte beaucoup mieux.
She is pretty well.	Es geht so ziemlich.	Elle se porte assez bien.
She is not very well.	Sie befindet sich nicht sehr wohl.	Elle ne se porte pas très bien.

She is indisposed.	Sie ist unwohl.	Elle est indisposée.
She is ill.	Sie ist krank.	Elle est malade.
She is extremely ill.	Sie befindet sich sehr schlecht.	Elle se porte très mal.
What ails her?	Was fehlt ihr?	Qu'a-t-elle?
She has got a cold.	Sie hat den Schnupfen.	Elle est enrhumée.
She has a fever.	Sie hat das Fieber.	Elle a la fièvre.
I am very sorry to hear it.	Das thut mir sehr leid.	J'en suis très fâché.
How long has she been ill?	Seit wann ist sie krank?	Depuis quand est-elle malade?
I did not know, that she was ill.	Ich wußte nicht, daß sie krank war.	Je ne savais pas qu'elle fût malade.
Does she take any thing for it?	Braucht sie etwas dagegen?	Prend - elle quelque chose?
The doctor attends her every day.	Der Arzt kommt täglich zu ihr.	Le médecin vient la voir tous les jours.
I hope it will be nothing.	Ich hoffe, daß es nichts seyn wird.	J'espère que cela ne sera rien.
We hope so.	Wir hoffen es.	Nous l'espérons.

2. Abschied.

I must go.	Ich muß gehen.	Je faut que je m'en aille.
I must leave you.	Ich muß Sie verlassen.	Il faut que je vous quitte.
I must take my leave of you.	Ich muß Abschied von Ihnen nehmen.	Il faut que je prenne congé de vous.
Till I have the pleasure of seeing you again.	Auf das Vergnügen, Sie wieder zu sehen.	Au plaisir de vous revoir.
Good bye.	Auf Wiedersehen.	Au plaisir.
Farewell — Adieu.	Leben Sie wohl—Adieu.	Adieu.
Your servant.	Ihr Diener, Ihre Dienerin.	Votre serviteur, votre servante.

I am your servant.	Ich bin Ihr Diener.	Je suis votre serviteur.
I am yours.	Ich bin der Ihrige.	Je suis le vôtre.
Good evening, good night.	Guten Abend, gute Nacht.	Bon soir, bonne nuit.
I wish you good night.	Ich wünsche Ihnen eine gute Nacht.	Je vous souhaite la bonne nuit.
My compliments to your brother.	Empfehlen Sie mich Ihrem Herrn Bruder.	Saluez monsieur votre frère de ma part.
Present my respects to your father.	Versichern Sie Ihren Herrn Vater meiner Hochachtung.	Présentez mes respects à monsieur votre père.
Remember me to all at home.	Empfehlen Sie mich zu Hause.	Faites mes compliments chez vous.
I will not fail.	Ich werde nicht ermangeln.	Je n'y manquerai pas.

3. Bitten und Danken.

By your leave.	Mit Ihrer Erlaubniß.	Avec votre permission.
Will you give me leave to ..?	Wollen Sie mir erlauben ..?	Voulez-vous bien me permettre de ..?
Pray.	Ich bitte.	Je vous prie. De grâce.
Do me the favour to ..	Machen Sie mir das Vergnügen, und ..	Faites - moi le plaisir de ..
Will you have the goodness too ..	Wollen Sie die Güte haben, und ..	Voulez - vous avoir la bonté de ..
Will you be so kind as to ..	Wollen Sie wohl so gut seyn, und ..	Voulez-vous bien avoir la bonté de ..
I have a favour to ask you.	Ich habe eine Gunst von Ihnen zu erbitten.	J'ai une grâce à vous demander.
Will you do me a favour?	Wollen Sie mir eine Freude machen?	Voulez - vous me faire un plaisir?

Will you render me a service?	Wollen Sie mir einen Dienst erzeigen?	Voulez-vous me rendre un service?
You can render me a great service.	Sie können mir einen großen Dienst erweisen.	Vous pouvez me rendre un grand service.
I am much obliged to you.	Ich bin Ihnen sehr verbunden.	Je vous suis bien obligé.
I thank you.	Ich danke Ihnen.	Je vous remercie.
I thank you most kindly.	Ich danke Ihnen herzlich.	Je vous remercie infiniment.
It is not worth mentioning.	Es ist nicht der Erwähnung werth.	Il n'y a pas de quoi.
I give you much trouble.	Ich mache Ihnen viele Mühe.	Je vous donne bien de la peine.
I am sorry to trouble you so much.	Es thut mir leid, daß ich Ihnen so viele Mühe mache.	Je suis fâché de vous donner tant de peine.
I am ashamed of the trouble I give you.	Ich bin beschämt über die Mühe, welche ich Ihnen mache.	Je suis honteux de la peine que je vous donne.
No trouble at all.	Die Mühe ist nichts.	La peine n'est rien.
You are very kind.	Sie sind sehr gütig.	Vous avez bien de la bonté.
You are very civil, Sir.	Sie sind sehr artig, mein Herr.	Vous êtes bien honnête, Monsieur.

4. Bejahen und Verneinen.

I'll tell you what.	Ich will Ihnen sagen.	Je m'en vais vous dire.
I assure you that ...	Ich versichere Sie, daß ...	Je vous assure que.
I promise you that ...	Ich verspreche Ihnen, daß ...	Je vous promets que.

I warrant it.	Ich stehe Ihnen dafür.	Je vous le garantis.
That I can assure you.	Ich kann Ihnen die Versicherung geben.	Je puis vous en assurer.
This is what I can tell you.	Das ist es, was ich Ihnen sagen kann.	C'est ce que je puis vous dire.
Rely upon what I tell you.	Rechnen Sie auf das, was ich Ihnen sage.	Comptez sur ce que je vous dis.
I'll swear that . . .	Ich schwöre Ihnen, daß . . .	Je vous jure que . . .
I say it is.	Ich sage Ihnen, ja.	Je dis que oui.
I say it is not.	Ich sage nein.	Je dis que non.
What do you mean?	Was meinen Sie?	Que voulez-vous dire?
I don't know what you mean.	Ich weiß nicht, was Sie meinen.	Je ne sais ce que vous voulez dire.
Is it certain that . . . ?	Ist es gewiß, daß . . . ?	Est-il certain que . . . ?
Is it true that . . . ?	Ist es wahr, daß . . . ?	Est-il vrai que . . . ?
Yes, it is true; it is certain.	Ja, das ist wahr; das ist gewiß.	Oui: cela est vrai; cela est certain.
It is but too true.	Es ist nur zu wahr.	Cela n'est que trop vrai.
Are you sure of what you say?	Sind Sie dessen gewiß, was Sie sagen?	Êtes-vous sûr de ce que vous dites?
Do you believe it?	Glauben Sie es?	Le croyez-vous?
I believe it.	Ich glaube es.	Je le crois.
I believe so too.	Ich glaube es auch.	Je le crois de même.
I do not believe any thing of it.	Ich glaube nichts davon.	Je n'en crois rien.
I am sure of it.	Ich bin dessen gewiß.	J'en suis sûr.
Nothing is more certain.	Nichts ist gewisser.	Rien n'est plus certain.
Upon my honour.	Auf meine Ehre.	Sur mon honneur.
I give you my word of honour.	Ich gebe Ihnen mein Ehrenwort.	Je vous donne ma parole d'honneur.

5. Ueberraschung.

What!	Wie!	Quoi!
Indeed!	Wirklich!	En vérité!
It is so!	Es ist so!	Oui dà!
Is it possible?	Ist es möglich?	Est-il possible?
How can that be?	Wie kann das seyn?	Comment cela se peut-il?
It is impossible!	Das ist unmöglich!	C'est impossible!
That cannot be.	Das kann nicht seyn.	Cela ne se peut pas.
I am surprised at it.	Ich bin überrascht.	J'en suis surpris.
You surprise me.	Sie überraschen mich.	Vous me surprenez.
I wonder at it.	Ich wundere mich darüber.	Je m'en étonne.
It is inconceivable.	Das ist unbegreiflich.	Cela est inconcevable.
It is a thing not to be conceived.	Das ist eine unbegreifliche Sache.	C'est une chose inconcevable.
It is unheard of.	Das ist unerhört.	Cela est inouï.
That is very strange!	Das ist sehr befremdend.	Cela est bien étrange.

6. Die Möglichkeit.

It is probable.	Das ist möglich!	Cela est probable.
It is likely.	Das ist wahrscheinlich.	Cela est vraisemblable.
It is not unlikely.	Das ist nicht unwahrscheinlich.	Cela n'est pas improbable.
There is nothing impossible in it.	Es ist nichts Unmögliches dabei.	Il n'y a rien d'impossible.
It may be so.	Es kann wohl seyn.	Cela se peut.
It might be so.	Es könnte wohl seyn.	Cela se pourrait bien.
I do not wonder at it.	Ich bin darüber nicht erstaunt.	Je n'en suis pas étonné.
I am not surprised at it.	Ich bin davon nicht überrascht.	Je n'en suis pas surpris.

8

It is not surprising.	Das ist nicht überraschend.	Cela n'est pas surprenant.
You do not astonish me.	Sie setzen mich nicht in Verwunderung.	Vous ne m'étonnez pas.
You do not surprise me.	Sie überraschen mich nicht.	Vous ne me surprenez par.
No wonder.	Das ist ganz einfach.	Cela est tout simple.
Of course; it is a matter of course.	Das versteht sich von selbst.	Cela va sans dire.

7. Die Besorgnis.

I am sorry for it.	Es thut mir leid.	J'en suis fâché.
I am very sorry for it.	Es thut mir sehr leid.	J'en suis bien fâché.
I am quite inconsolable at it.	Ich bin untröstlich darüber.	J'en suis inconsolable.
What a pity!	Wie schade!	Quel dommage!
It is a great pity!	Das ist recht schade!	C'est bien dommage!
It is a sad thing.	Das ist recht ärgerlich.	Cela est bien fâcheux.
That is very disagreeable	Das ist sehr unangenehm.	Cela est bien désagréable.
It is very hard.	Das ist sehr hart.	Cela est bien dur.
It is a cruel case.	Das ist sehr grausam.	Cela est bien cruel.
That is very unlucky.	Das ist sehr betrübt.	Cela est bien malheureux
It is a great misfortune.	Das ist ein großes Unglück.	C'est un grand malheur.
It is terrible.	Das ist schrecklich.	Cela est terrible.
It is dreadful.	Das ist entsetzlich.	Cela est épouvantable.

8. Der Vorwurf.

Fye! For shame!	Pfui! Pfui doch!	Fi! fi donc!
Are you not ashamed?	Haben Sie keine Scham?	N'avez-vous pas honte?
You ought to be ashamed	Sie sollten sich schämen.	Vous devriez avoir honte.
What a shame!	Welche Schande!	Quelle honte!

It is shameful.	Das ist beschämend.	C'est honteux.
It is very bad.	Das ist sehr schlecht.	Cela est bien mal.
That is very wicked.	Das ist recht boshaft.	Cela est bien méchant.
It is abominable.	Es ist abscheulich.	C'est abominable.
How could you do so?	Wie konnten Sie das thun?	Comment avez-vous pu faire cela?
You are very much to blame.	Sie sind sehr tadelns= werth.	Vous êtes bien à blâmer.
You are quite wrong.	Sie haben vollkommen Unrecht.	Vous avez bien tort.
I am not satisfied with you.	Ich bin nicht mit Ihnen zufrieden.	Je ne suis pas content de vous.
Be quiet.	Seyn Sie ruhig.	Tenez-vous tranquille.
Have done.	Machen Sie ein Ende.	Finissez.
Have done, I say.	Hören Sie auf, sage ich.	Finissez, vous dis-je.
Can't you be easy?	Können Sie sich nicht ruhig verhalten?	Ne pouvez-vous pas vous tenir tranquille?
Can't you be quiet?	Können Sie nicht Ruhe halten?	Ne pouvez-vous pas vous tenir en repos?
I won't have that.	Ich will das nicht dulden.	Je ne veux pas cela.
Mind for another time.	Nehmen Sie sich ein ander Mal in Acht.	Prenez garde pour une autre fois.
Do not so any more.	Thun Sie es nicht wieder.	Ne le faites pas davan= tage.
Silence.	Still.	Silence.
Hold your peace.	Ruhig.	Paix.
Hold your tongue.	Schweigen Sie.	Taisez-vous.
No reasonings.	Widersprechen Sie nicht.	Pas tant de raisons.
Do not reply.	Sie haben nichts zu er= wiedern.	Ne répliquez pas.
Get out of my sight.	Gehen Sie mir aus den Augen.	Retirez-vous de devant mes yeux.

9. Zorn und Mißvergnügen.

I am very angry.	Ich bin sehr aufgebracht.	Je suis fort en colère.
I am not in a good humour.	Ich bin nicht bei guter Laune.	Je ne suis pas de bonne humeur.
I am out of humour.	Ich bin verstimmt.	Je suis de mauvaise humeur.
I am in despair.	Ich bin in Verzweiflung.	Je suis au désespoir.
Every thing is against me	Alles ist mir entgegen.	Tout me contraire.
All is lost.	Alles ist verloren.	Tout est perdu.
I am ruined without remedy.	Ich bin ohne Hülfe verloren.	Je suis ruiné sans ressource.
I know no comfort.	Ich bin trostlos.	Je suis désolé.
I loose patience.	Ich verliere die Geduld.	Je perds patience.
There is no bearing it.	Ich kann es nicht mehr aushalten.	Je n'y tiens plus.
It is better to be dead than to suffer in this manner.	Besser todt als so zu leiden.	Il vaudrait mieux être mort que de souffrir de la sorte.
Happiness is no longer for me.	Das Glück ist nicht mehr für mich.	Le bonheur n'est plus fait pour moi.
I have nothing that can comfort me.	Ich habe nichts, was mich trösten könnte.	Je n'ai rien qui puisse me consoler.
The whole world forsakes me.	Die ganze Welt verläßt mich.	Tout l'univers m'abandonne.

10. Freude und Beifall.

I am glad.	Ich bin froh.	Je suis bien aise.
I am very happy.	Ich bin sehr erfreut.	Je suis charmé.
I am extremely glad of it.	Ich bin höchst froh darüber.	J'en suis fort aise.
It gives me great joy.	Es macht mir viele Freude.	J'en ai bien de la joie.

It makes me very happy to hear it.	Es verursacht mir die größte Befriedigung.	J'en ressens la plus grande satisfaction.
It gives me the greatest pleasure.	Es macht mir das größte Vergnügen.	Cela me fait le plus grand plaisir.
My satisfaction cannot be greater.	Meine Freude kann nicht größer seyn.	Ma satisfaction est à son comble.
I never was so pleased.	Ich bin noch nie so froh gewesen.	Je ne me suis jamais trouvé si content.
My happiness is complete.	Mein Glück ist vollkommen.	Mon bonheur est parfait.
Fortune never was more favourable to me.	Das Glück ist mir nie günstiger gewesen.	La fortune ne m'a jamais été plus favorable.
Every thing happens as I wish.	Alles geht mir nach Wunsch.	Tout m'arrive à souhait.

11. Die Berathung.

What is to be done?	Was soll man thun?	Que faire? Qu'y a-t-il à faire.
What shall we do?	Was sollen wir machen?	Que ferons-nous?
What are we to do?	Was sollen wir thun?	Que devons-nous faire?
Let us see.	Wir wollen sehen.	Voyons.
I don't know what to do.	Ich weiß nicht, was ich thun soll.	Je ne sais que faire.
I am in a great embarrassment.	Ich bin in einer großen Verlegenheit.	Je suis dans un grand embarras.
I think . . .	Ich denke, ich bin der Meinung . . .	Je suis d'avis . . .
Don't you think . . .?	Glauben Sie nicht . . .?	Ne croyez-vous pas . . .?
If I were you.	Wäre ich wie Sie.	Si j'étais que de vous.
If I were in your place.	Wäre ich an Ihrer Stelle.	Si j'étais à votre place.
I advise you . . .	Ich rathe Ihnen . . .	Je vous conseille . . .

I am of opinion that...	Meine Meinung ist, daß ...	Mon opinion est que ...
If you take my advice.	Wenn Sie mir glauben wollen.	Si vous m'en croyez.
I am thinking of one thing.	Ich denke an Eins.	Je pense à une chose.
Let me alone for that.	Lassen Sie mich machen.	Laissez-moi faire.
Let us do one thing.	Lassen Sie uns Eins thun.	Faisons une chose.
What do you say about it?	Was meinen Sie dazu?	Qu'en dites-vous?
What do you think of it?	Was denken Sie davon?	Qu'en pensez-vous?
I think as you do.	Ich denke wie Sie.	Je pense comme vous.
This is a good thought.	Das ist ein guter Gedanke.	Voilà une bonne pensée.
This is a very good idea.	Das ist ein vortrefflicher Einfall.	Voilà une excellente idée.
I am of your opinion.	Ich bin Ihrer Ansicht.	Je suis de votre avis.
Let us do so.	Lassen Sie uns das thun.	Faisons cela.
It is the best way.	Das ist das Beste.	C'est le meilleur parti.
I had rather ...	Ich möchte lieber ...	J'aimerais mieux.
It is better ...	Es ist besser ...	Il vaut mieux.
Would it not be better..?	Würde es nicht besser seyn ...?	Ne vaudrait-il pas mieux?
It is the best thing we can do.	Das ist das Beste, was wir thun können.	C'est le mieux que nous puissions faire.

12. Essen und Trinken.

Are you hungry?	Sind Sie hungrig?	Avez-vous faim?
I have a good appetite.	Ich habe guten Appetit.	J'ai bon appétit.
I am very hungry.	Ich bin sehr hungrig.	J'ai grand' faim.
Eat something.	Essen Sie etwas.	Mangez quelque chose.
What will you eat?	Was wollen Sie essen?	Que mangerez-vous?

What do you like to eat?	Was wünschen Sie zu essen?	Que voulez-vous manger?
I shall eat any thing.	Ich werde essen, was gerade da ist.	Je mangerai la première chose venue.
You don't eat.	Sie essen nicht.	Vous ne mangez pas.
I ask your pardon, I eat very well.	Ich bitte um Verzeihung, ich esse sehr viel.	Je vous demande pardon, je mange très bien.
I have done very well.	Ich habe sehr viel gegessen.	J'ai très bien mangé.
I have dined with a good appetite.	Ich habe mit vielem Appetit zu Mittag gegessen.	J'ai diné d'un bon appétit.
Eat another piece.	Essen Sie noch ein Stückchen.	Mangez encore un morceau.
I cannot take any thing more.	Ich kann nichts mehr genießen.	Je ne prendrai rien davantage.
Are you dry?	Sind Sie durstig?	Avez-vous soif?
Are you not thirsty?	Haben Sie keinen Durst?	N'avez-vous pas soif?
I am very dry, very thirsty.	Ich bin sehr durstig.	J'ai grand'soif.
I am dying with thirst.	Ich vergehe vor Durst.	Je meurs de soif.
Let us drink.	Lassen Sie uns trinken.	Buvons.
Give me some drink.	Geben Sie mir zu trinken.	Donnez-moi à boire.
Will you take a glass of wine?	Wollen Sie ein Glas Wein trinken?	Voulez-vous prendre un verre de vin?
Take a glass of beer.	Trinken Sie ein Glas Bier.	Prenez un verre de bière.
Drink another glass of wine.	Trinken Sie noch ein Glas Wein.	Buvez encore un verre de vin.
Sir, my service to you.	Mein Herr, ich trinke auf Ihre Gesundheit.	Monsieur, je bois à votre santé.

I drink your good health.	Ich habe die Ehre auf Ihre Gesundheit zu trinken.	J'ai l'honneur de boire à votre santé.

13. Neuigkeiten.

Is there any news to-day?	Gibt es heute Neuigkeiten?	Y a-t-il des nouvelles aujourd'hui?
Is there any thing new?	Gibt es etwas Neues?	Y a-t-il quelque chose de nouveau?
Do you know any thing new?	Wissen Sie etwas Neues?	Savez - vous quelque chose de nouveau?
What news is there?	Was gibts Neues?	Qu'y a-t-il de nouveau?
What news can you tell us?	Was bringen Sie uns Neues mit?	Quelles nouvelles nous apprendrez-vous?
Have you got any thing to tell us?	Haben Sie uns etwas mitzutheilen?	Avez-vousquelquechose à nous apprendre?
Have you not heard of any thing?	Haben Sie nichts vernommen?	N'avez - vous entendu parler de rien?
What is the talk about town?	Was sagt man in der Stadt?	Que dit - on dans la ville?
I know nothing new.	Ich weiß nichts Neues.	Je nesaisrien de nouveau
There is nothing new.	Es gibt nichts Neues.	Il n'y a rien de nouveau.
There is no news.	Es gibt keine Neuigkeiten.	Il n'y a point de nouvelles.
I have not heard of any thing.	Ich habe von nichts reden gehört.	Je n'ai entendu parler de rien.
There is no talk of any thing.	Man spricht von gar nichts.	On ne parle de rien.
There is good news.	Es gibt gute Neuigkeiten.	Il y adebonnes nouvelles.
The news is good.	Die Neuigkeiten sind gut.	Lesnouvellessontbonnes
There is bad news.	Es gibt schlechte Neuigkeiten.	Il y a de mauvaises nouvelles.

The news is very bad.	Die Neuigkeiten sind sehr schlecht.	Les nouvelles sont très mauvaises.
I have heard that ...	Ich habe gehört, daß ...	J'ai entendu dire que ...
I have not heard speak of that.	Ich habe nicht davon sprechen gehört.	Je n'ai pas entendu parler de cela.
Did you read the papers?	Haben Sie die Zeitungen gelesen?	Avez-vous lu les feuilles?
I have read no papers to-day.	Ich habe heute keine Zeitungen gelesen.	Je n'ai lu aucune feuille aujourd'hui.
How do you know that?	Wie wissen Sie das?	Comment le savez-vous?
I have had that news from good hand.	Ich habe diese Neuigkeit aus guter Hand.	Je tiens cette nouvelle de bonne part.
I was told so this morning.	Man hat es mir heute früh gesagt.	On me l'a dit ce matin.
Have you heard from your brother?	Haben Sie Nachrichten von Ihrem Bruder erhalten?	Avez-vous reçu des nouvelles de votre frère?
How long is it since he wrote to you?	Wie lange ist es her, daß er Ihnen nicht geschrieben hat?	Combien y a-t-il qu'il ne vous a écrit?
I have not heard from him these two months.	Es sind zwei Monate, seit ich nichts von ihm gehört habe.	Il y a deux mois que je n'ai reçu de ses nouvelles.
He has not written for three weeks.	Seit drei Wochen hat er nicht geschrieben.	Il y a trois semaines qu'il n'a écrit.
I expect a letter from him every day.	Ich erwarte täglich einen Brief von ihm.	J'attends une lettre de lui de jour en jour.

14. Gehen und Kommen.

| Whither are you going? | Wohin gehen Sie? | Où allez-vous? |
| I am going home. | Ich gehe nach Hause. | Je vais à la maison, je m'en vais chez nous. |

I was going to your house.	Ich wollte zu Ihnen.	J'allais chez vous.
From whence do you come?	Woher kommen Sie?	D'où venez-vous?
I come from my brother's.	Ich komme von meinem Bruder.	Je viens de chez mon frère.
I come from church.	Ich komme aus der Kirche.	Je viens de l'église.
I just left the school.	Ich komme so eben aus der Schule.	Je sors de l'école.
Will you come with me?	Wollen Sie mit mir gehen?	Voulez-vous venir avec moi?
Whither do you wish to go?	Wohin wollen Sie gehen?	Où voulez-vous aller?
We will go to walk.	Wir wollen spazieren gehen.	Nous irons nous promener.
We will go and take a walk.	Wir wollen einen Spaziergang machen.	Nous irons faire un tour de promenade.
With all my heart; If you please.	Sehr gern; mit Vergnügen.	Je le veux bien; avec plaisir.
Which way shall we go?	Welchen Weg wollen wir nehmen?	De quel côté irons-nous?
We will go which way you please.	Welchen Weg Sie wollen.	Nous irons du côté que vous voudrez.
Let us go to the park.	Lassen Sie uns in den Park gehen.	Allons au parc.
Let us take your friend in our way.	Lassen Sie uns im Vorbeigehen Ihren Freund abholen.	Prenons votre ami en passant.
As you please.	Wie es Ihnen gefällig ist.	Comme il vous plaira.
Is Mr. B. at home?	Ist Herr B. zu Hause?	Mr. B. est-il chez lui?
He is gone out.	Er ist ausgegangen.	Il est sorti.

He is not at home.	Er ist nicht zu Hause.	Il n'est pas à la maison.
Can you tell us whither he is gone?	Können Sie uns sagen, wohin er gegangen ist?	Pouvez-vous nous dire où il est allé?
I cannot tell you exactly.	Ich kann es Ihnen nicht gewiß sagen.	Je ne saurais vous le dire au juste.
I think he is gone to see his sister.	Ich glaube, daß er zu seiner Schwester gegangen ist.	Je crois qu'il est allé voir sa soeur.
Do you know when he will return?	Wissen Sie, wann er zurück kömmt?	Savez-vous quand il rentrera?
No; he said nothing when he went out.	Nein; er hat nichts davon gesagt, als er ging.	Non; il n'a rien dit en s'en allant.
In that case, we must go without him.	Dann müssen wir ohne ihn gehen.	En ce cas-là nous irons sans lui.

15. Fragen und Antworten.

Here, I have something to tell you.	Kommen Sie, ich habe Ihnen etwas zu sagen.	Approchez, j'ai quelque chose à vous dire.
I have a word to tell you.	Ich habe Ihnen ein Wörtchen zu sagen.	J'ai un mot à vous dire.
Hear me.	Hören Sie mich.	Écoutez-moi.
I want to speak to you.	Ich möchte mit Ihnen sprechen.	J'ai à vous parler.
What is it? what is your pleasure?	Was steht zu Ihren Diensten?	Qu'y a-t-il? Qu'est-ce qu'il y a pour votre service?
I speak to you.	Ich spreche mit Ihnen	C'est à vous que je parle.
I don't speak to you.	Ich spreche nicht mit Ihnen.	Ce n'est pas à vous que je parle.
What do you say?	Was sagen Sie?	Que dites-vous?

What did you say?	Was haben Sie gesagt?	Qu'avez-vous dit?
I say nothing.	Ich sage nichts.	Je ne dis rien.
Do you hear?	Hören Sie?	Entendez-vous?
Do you hear what I say?	Verstehen Sie, was ich sage?	Entendez-vous ce que je dis?
Do you understand me?	Verstehen Sie mich?	Me comprenez-vous?
Will you be so kind as to repeat?	Wollen Sie so gut seyn, nochmals zu wiederholen?	Voulez-vous avoir la bonté de répéter?
I understand you well.	Ich verstehe Sie wohl.	Je vous comprends bien.
Why don't you answer me?	Warum antworten Sie mir nicht?	Pourquoi ne me répondez-vous pas?
Don't you speak french?	Sprechen Sie nicht französisch?	Ne parlez-vous pas francais?
Very little, Sir.	Sehr wenig, mein Herr.	Très peu, Monsieur.
I understand it a little, but I cannot speak it.	Ich verstehe es ein wenig, aber ich spreche es nicht.	Je l'entends un peu, mais je ne le parle pas.
Speak louder.	Sprechen Sie lauter.	Parlez plus haut.
Do not speak so loud.	Sprechen Sie nicht so laut.	Ne parlez pas si haut.
Don't make so much noise.	Machen Sie nicht so viel Lärm.	Ne faites pas tant de bruit.
Hold your tongue.	Schweigen Sie.	Taisez-vous.
Did you not tell me that . . . ?	Sagten Sie mir nicht, daß . . . ?	Ne m'avez-vous pas dit que . . . ?
Who told you so?	Wer hat Ihnen das gesagt?	Qui vous a dit cela?
I have been told so.	Man hat es mir gesagt.	On me l'a dit.
Somebody told me so.	Es hat es mir Jemand gesagt.	Quelqu'un me l'a dit.
I heard it.	Ich habe es gehört.	Je l'ai entendu dire.

What do you mean?	Was wollen Sie sagen?	Que voulez-vous dire?
What is that good for?	Wozu soll das nützen?	A quoi cela est-il bon?
What do you call that?	Wie nennen Sie das?	Comment appelez-vous cela?
That is called ...	Das heißt ...	Cela s'appelle ...
May I ask you?	Darf ich Sie fragen?	Puis-je vous demander?
What do you wish to have?	Was wünschen Sie?	Que désirez-vous?
Do you know Mr. A...?	Kennen Sie Herrn A...?	Connaissez-vous Mr. A.?
I know him by sight.	Ich kenne ihn von Ansehen.	Je le connais de vue.
I know him by name.	Ich kenne ihn dem Namen nach.	Je le connais de nom.

16. Alter.

What is your age?	Wie alt sind Sie?	Quel âge avez-vous?
How old is your brother?	Wie alt ist Ihr Herr Bruder?	Quel âge a Mr. votre frère?
I am twelve years old.	Ich bin zwölf Jahr alt.	J'ai douze ans.
I am ten years and six months old.	Ich bin zehn und ein halbes Jahr alt.	J'ai dix ans et demi.
I am near fifteen.	Ich bin beinahe fünfzehn Jahr alt.	J'ai bientôt quinze ans.
I shall be sixteen next month.	Im nächsten Monat werde ich sechszehn Jahr.	J'aurai seize ans le mois prochain.
I was eighteen last week.	Vergangene Woche bin ich achtzehn Jahr geworden.	J'ai eu dix-huit ans la semaine passée.
You do not look so old.	Sie sehen nicht so alt aus.	Vous ne paraissez pas si âgé.
You look elder.	Sie sehen älter aus.	Vous paraissez plus âgé.

I thought you were elder.	Ich hielt Sie für älter.	Je vous croyais plus âgé.
I did not think you were so old.	Ich hielt Sie nicht für so alt.	Je ne vous croyais pas si âgé.
How old may your uncle be?	Wie alt mag Ihr Oheim seyn?	Quel âge peut avoir votre oncle?
He may be sixty years old.	Er kann etwa sechzig Jahre haben.	Il peut avoir soixante ans.
He is about sixty.	Er ist ungefähr sechzig Jahr alt.	Il a à peu près soixante ans.
He is more than fifty.	Er ist über fünfzig Jahr.	Il a plus de cinquante ans.
He is a man of fifty and upwards.	Er ist ein Mann von fünfzig und einigen Jahren.	C'est un homme de cinquante et quelques années.
He may be sixty years or there about.	Er kann etwa sechzig Jahre zählen.	Il peut avoir une soixantaine d'années.
He is above eighty years old.	Er ist über achtzig Jahr.	Il a plus de quatre-vingts ans.
It is a great age.	Es ist ein hohes Alter.	C'est un grand âge.
Is he so old?	Ist er so alt?	Est-il si âgé que cela?
He begins to grow old.	Er fängt an zu altern.	Il commence à vieillir.

17. Die Stunde.

What o' clock is it?	Wie viel Uhr ist es?	Quelle heure est-il?
What o' clock may it be?	Was mag die Uhr seyn?	Quelle heure est-il bien?
Pray, tell me what is it o' clock.	Ich bitte, sagen Sie mir, welche Zeit es ist.	Dites-moi, je vous prie, quelle heure il est.
It is one o' clock.	Es ist Ein Uhr.	Il est une heure.
It is past one.	Es ist Ein Uhr vorbei.	Il est une heure passée.
It has struck one.	Es hat Eins geschlagen.	Il est une heure sonnée.

It is a quarter past one.	Es ist ein Viertel auf zwei.	Il est une heure et un quart.
It is half an hour past one.	Es ist halb zwei.	Il est une heure et demie.
It wants ten minutes to two.	Es fehlen zehn Minuten an zwei.	Il est deux heures moins dix minutes.
It is not quite two.	Es ist noch nicht zwei Uhr.	Il n'est pas encore deux heures.
It is but twelve o'clock.	Es ist erst zwölf.	Il n'est que midi.
It is almost three.	Es ist beinah drei.	Il est près de trois heures.
It is upon the strake of three.	Es ist gegen drei.	Il va sonner trois heures.
It is going to strike three.	Es wird gleich drei Uhr schlagen.	Trois heures vont sonner.
It is ten minutes after three.	Es ist zehn Minuten nach drei.	Il est trois heures dix minutes.
The clock is going to strike.	Die Uhr wird sogleich schlagen.	L'horloge va sonner.
The clock strikes.	Da schlägt die Uhr.	Voilà l'horloge qui sonne.
It is not late.	Es ist nicht spät.	Il n'est pas tard.
It is later than I thought.	Es ist später, als ich glaubte.	Il est plus tard que je ne pensais.
I did not think it was so late.	Ich dachte nicht, daß es so spät wäre.	Je ne croyais pas qu'il fût si tard.

18. Vom Wetter.

How is the weather?	Was ist für Wetter?	Quel temps fait-il?
What sort of weather is it?	Was haben wir für Wetter?	Quelle sorte de temps fait-il?
It is bad weather.	Es ist schlechtes Wetter.	Il fait mauvais temps.
It is cloudy.	Es ist trübe.	Il fait un temps couvert.

It is dreadful weather.	Es ist abscheuliches Wetter.	Il fait un temps affreux.
It is fine weather.	Es ist schönes Wetter.	Il fait beau temps.
We shall have a fine day.	Wir werden einen schönen Tag haben.	Nous aurons une belle journée.
It is dewy.	Es thaut.	Il fait de la rosée.
It is foggy.	Es ist neblig.	Il fait du brouillard.
It is rainy weather.	Es ist regniges Wetter.	Il fait un temps pluvieux.
It threatens to rain.	Es droht zu regnen.	Le temps menace de pluie.
The sky gets very cloudy.	Der Himmel umzieht sich.	Le ciel se couvre.
The sky becomes very dark.	Der Himmel wird dunkel.	Le ciel se rembrunit.
The sun begins to break out.	Die Sonne fängt an sich zu zeigen.	Le soleil commence à se montrer.
The weather settles.	Das Wetter klärt sich wieder auf.	Le temps se remet.
It is very hot.	Es ist sehr heiß.	Il fait bien chaud.
It is sultry hot.	Es ist eine erstickende Hitze.	Il fait une chaleur étouffante.
It is very mild.	Es ist sehr mild.	Il fait bien doux.
It is cold.	Es ist kalt.	Il fait froid.
It is excessively cold.	Es ist eine übermäßige Kälte.	Il fait un froid excessif.
It is raw weather.	Es ist rauhes Wetter.	Il fait un temps froid et humide.
It rains; it is raining.	Es regnet.	Il pleut, il tombe de la pluie.
It has rained; it has been raining.	Es hat geregnet.	Il a plu; il a tombé de la pluie.
It is going to rain.	Es wird gleich regnen.	Il va pleuvoir.

English	German	French
I feel some drops of rain.	Ich fühle Regentropfen.	Je sens des gouttes de pluie.
There are some drops falling.	Es fallen Regentropfen.	Il tombe des gouttes de pluie.
It hails; it is hailing.	Es hagelt.	Il grêle; il tombe de la grêle.
It snows; it is snowing.	Es schneit; es fällt Schnee.	Il neige; il tombe de la neige.
It has snowed; it has been snowing.	Es hat geschneit; es ist Schnee gefallen.	Il a neigé; il a tombé de la neige.
It snows in great flakes.	Es schneit in großen Flocken.	Il neige à gros flocons.
It freezes.	Es friert.	Il gèle.
It has frozen.	Es hat gefroren.	Il a gelé.
It begins to give.	Es fängt an, gelinder zu werden.	Le temps commence à s'amollir.
It thaws.	Es thaut.	Il dégèle.
It is very windy.	Es ist sehr windig.	Il fait bien du vent.
The wind is very high.	Der Wind weht stark.	Le vent est bien élevé.
There is no air stirring.	Es weht kein Lüftchen.	Il ne fait pas d'air.
It lightens.	Es blitzt.	Il éclaire.
It has lightened all the night.	Es hat die ganze Nacht geblitzt.	Il a éclairé toute la nuit.
It thunders.	Es donnert.	Il tonne.
The thunder roars.	Der Donner rollt.	Le tonnerre gronde.
The thunderbolt has fallen.	Es hat eingeschlagen.	La foudre est tombée.
The weather is stormy.	Es ist stürmisches Wetter.	Le temps est orageux.
We shall have a storm.	Wir werden ein Gewitter haben.	Nous aurons de l'orage.
The sky begins to clear up.	Der Himmel fängt an, sich aufzuheitern.	Le ciel commence à s'éclaircir.

10

The weather is very unsettled.	Das Wetter ist sehr unbeständig.	Le temps est bien inconstant.
It is very dirty.	Es ist sehr schmutzig.	Il fait bien de la crotte.
It is very dusty.	Es ist sehr staubig.	Il fait bien de la poussière.
It is very slippery.	Es ist sehr glatt.	Il fait bien glissant.
It is very bad walking.	Es ist schlechtes Gehen.	Il fait bien mauvais marcher.
It is day-light.	Es ist Tag.	Il fait jour.
It is dark.	Es ist dunkel.	Il fait sombre.
It is night.	Es ist Nacht.	Il fait nuit.
It is moon-light.	Der Mond scheint.	Il fait clair de lune.
Do you think it will be fine weather?	Glauben Sie, daß es gutes Wetter geben wird?	Croyez-vous qu'il fasse beau temps?
I do not think it will rain.	Ich glaube nicht, daß es regnen wird.	Je ne crois pas qu'il pleuve.
I am afraid it will rain.	Ich fürchte, es wird regnen.	J'ai peur qu'il ne pleuve.
I fear so.	Ich fürchte es.	Je le crains.

Dritte Abtheilung.

Vertraute Gespräche.

1. Begrüßung.

Good morning, Sir.	Guten Morgen.	Bon jour, Monsieur.
I wish you a good morning.	Ich wünsche Ihnen guten Morgen.	Je vous souhaite le bon jour.
How do you do this morning?	Wie befinden Sie sich diesen Morgen?	Comment vous portez-vous ce matin?
How is it with your health?	Wie geht es mit Ihrer Gesundheit?	Comment va la santé?
Do I see you in health?	Befinden Sie sich wohl?	Votre santé est-elle bonne?
Do you continue in good health?	Sie sind doch immer wohl?	Votre santé est toujours bonne?
Pretty good, and how is yours?	Recht wohl, und Sie?	Assez bonne, et la vôtre?
Do I see you well?	Sind Sie wohl?	Vous portez-vous bien?
Very well, and how do you do?	Sehr wohl, und Sie auch?	Fort bien, et vous?
How have you been since I had the pleasure to see you?	Wie haben Sie sich befunden, seit ich nicht das Vergnügen hatte, Sie zu sehen?	Comment vous êtes-vous porté depuis que je n'ai eu le plaisir de vous voir?
I hope I find you in good health?	Ich hoffe, daß ich Sie recht wohl finde?	J'espère vous trouver en bonne santé?
I am perfectly well.	Ich befinde mich sehr wohl.	Je me porte à merveille.

And how is it with you?	Und wie geht es mit Ihnen?	Et vous, comment cela va-t-il?
As usual.	Wie gewöhnlich.	A mon ordinaire.
Pretty well, thank God.	Recht gut, Gott sey Dank.	Assez bien, Dieu merci.
I am very happy to see you well.	Ich bin erfreut, Sie wohl zu sehen.	Je suis ravi de vous voir en bonne santé.

2. Der Besuch.

Here is a knock.	Es wird geklopft.	On frappe.
Somebody knocks.	Es klopft Jemand.	Quelqu'un frappe.
Go and see who it is.	Geh und sieh, wer da ist.	Allez voir qui c'est.
Go and open the door.	Geh und öffne die Thür.	Allez ouvrir la porte.
It is Mrs. B.	Es ist Madam B.	C'est madame B.
Good morning to you.	Ich wünsche Ihnen guten Morgen.	Je vous souhaite le bon jour.
I am very glad to see you.	Es freut mich, Sie zu sehen.	Je suis bien aise de vous voir.
I have not seen you this age.	Es ist ein Jahrhundert, seit ich Sie nicht sah.	Il y a un siècle que je ne vous ai vue.
It is a novelty to see you.	Es ist eine Seltenheit, Sie zu sehen.	C'est une rareté que de vous voir.
Pray be seated.	Setzen Sie sich, ich bitte.	Asseyez-vous, je vous prie.
Do, pray, sit down.	Setzen Sie sich gefälligst.	Faites-moi le plaisir de vous asseoir.
Please to sit down.	Nehmen Sie Platz.	Donnez-vous la peine de vous asseoir.
Give a chair to Mrs. . .	Gib Madam`. . einen Stuhl.	Donnez une chaise à Madame.

Will you stay and take some dinner with us?	Wollen Sie zum Mittagsessen bei uns bleiben?	Voulez-vous rester à dîner avec nous?
I cannot stay.	Ich kann nicht bleiben.	Je ne peux pas rester.
I only came in to know how you do.	Ich bin nur gekommen, um zu erfahren, wie Sie sich befinden.	Je ne suis entrée que pour savoir comment vous vous portiez.
I must go.	Ich muß gehen.	Il faut que je m'en aille.
You are in a great hurry.	Sie sind sehr eilig.	Vous êtes bien pressée.
Why are you in such a hurry?	Weshalb sind Sie so eilig?	Pourquoi êtes-vous si pressée?
I have a good many things to do.	Ich habe viel zu thun.	J'ai bien des choses à faire.
Sure, you can stay a little longer.	Sie können wohl noch einen Augenblick bleiben.	Vous pouvez bien rester encore un moment.
I have many places to call at.	Ich muß noch an verschiedene Orte gehen.	J'ai à aller en différents endroits.
I will stay longer another time.	Ein ander Mal will ich länger bleiben.	Je resterai plus longtemps une autre fois.
I thank you for your visit.	Ich danke Ihnen für Ihren Besuch.	Je vous remercie de votre visite.
I hope I shall see you soon again.	Ich hoffe, Sie bald wieder zu sehen.	J'espère vous revoir bientôt.

3. Das Frühstück.

Have you breakfasted?	Haben Sie gefrühstückt?	Avez-vous déjeûné?
Not yet.	Noch nicht.	Pas encore.
You come just in time.	Sie kommen grade zu rechter Zeit.	Vous arrivez à propos.
You will breakfast with us,	Sie werden mit uns frühstücken.	Vous déjeûnerez avec nous.

Breakfast is ready.	Das Frühstück ist bereit.	Le déjeûner est prêt.
Come to breakfast.	Kommen Sie zum Frühstück.	Venez déjeûner.
Do you drink tea or coffee?	Trinken Sie Thee oder Kaffee?	Prenez-vous du thé ou du café?
Would you prefer chocolade?	Wollen Sie vielleicht lieber Chokolade?	Aimeriez - vous mieux du chocolat?
I prefer coffee.	Ich ziehe den Kaffee vor.	Je préfère le café.
What shall I offer you?	Was kann ich Ihnen anbieten?	Que vous offrirai-je?
Here are rolls and toast.	Hier sind Milchbrode und geröstete Brodschnitten.	Voici des pains mollets et des rôties.
Which do you like best?	Was mögen Sie am liebsten?	Lequel aimez - vous le mieux?
I shall take a roll.	Ich werde ein Brödchen nehmen.	Je prendrai un petit pain.
I prefer some toast.	Ich ziehe die Brodschnittchen vor.	Je préfère une rôtie.
How do you like the coffee?	Wie finden Sie den Kaffee?	Comment trouvez-vous le café?
Is the coffee strong enough?	Ist der Kaffee stark genug?	Le café est-il assez fort?
It is excellent.	Er ist vortrefflich.	Il est excellent.
Is it sweet enough?	Ist genug Zucker darin?	Est-il assez sucré?
If it is not, don't make any ceremonies.	Ist es nicht, so machen Sie keine Komplimente.	S'il ne l'est pas assez, ne faites pas de façons.
Do as if you were at home.	Thun Sie, als ob Sie zu Hause wären.	Faites comme si vous étiez chez vous.

4. Vor dem Mittageſſen.

What time do we dine to-day?	Um welche Zeit eſſen wir heut zu Mittag?	A quelle heure dinons-nous aujourd'hui?
We are to dine at two o' clock.	Wir werden um zwei Uhr eſſen.	Nous dinerons à deux heures.
We shall not dine before three.	Wir werden nicht vor drei Uhr eſſen.	Nous ne dinerons pas avant trois heures.
Shall we have any body at dinner to-day?	Werden wir heute zum Eſſen Jemand bei uns haben?	Aurons-nous quelqu'un à diner aujourd'hui?
Do you expect company?	Erwarten Sie Geſellſchaft?	Attendez-vous de la compagnie?
I expect Mr. B.	Ich erwarte Herrn B.	J'attends Mr. B.
Mr. D. has promised to come, if the weather permits it.	Herr D. hat verſprochen zu kommen, wenn es das Wetter erlaubt.	Mr. D. a promis de venir, si le temps le permet.
Have you given orders for dinner?	Haben Sie die Befehle zum Mittageſſen gegeben?	Avez-vous donné des ordres pour le diner?
What did you order for dinner?	Was haben Sie zum Eſſen beſtellt?	Qu'avez-vous ordonné pour le diner?
What shall we have for dinner?	Was werden wir zu Mittag haben?	Qu'est-ce que nous aurons pour notre diner?
Did you send for any fish?	Haben Sie Fiſch beſorgen laſſen?	Avez-vous envoyé acheter du poisson?
I could not get any fish.	Ich habe keinen Fiſch bekommen können.	Je n'ai pas pu avoir de poisson.
There was not a fish in the market.	Es war nicht ein Fiſch auf dem Markte.	Il n'y avait pas un poisson au marché.
I fear we shall have a very indifferent dinner.	Ich beſorge, daß wir nichts Beſonderes zu Mittag haben werden.	J'ai peur que nous n'ayons un assez mauvais diner.

We must do as well as we can.	Wir müssen uns behelfen.	Il faudra faire comme nous pourrons.

5. Das Mittagessen.

What shall I help you to?	Was soll ich Ihnen vorlegen?	Que vous servirai-je?
Do you choose to take a little soup?	Wollen Sie etwas Suppe?	Voulez-vous un peu de soupe?
Will you take some soup?	Wollen Sie Suppe?	Prendrez - vous de la soupe?
I thank you. I will ask you for a piece of beef.	Ich danke, ich werde Sie um etwas Rindfleisch bitten.	Je vous remercie. Je vous demanderai un peu de boeuf.
It looks so very nice.	Es sieht so gut aus.	Il a si bonne mine.
What part do you like best?	Welches Stück haben Sie am liebsten?	Quel morceau aimez-vous le mieux?
Which way shall I cut it?	Von welcher Seite soll ich es abschneiden?	De quel côté le couperai-je?
Any way.	Wo es ist, gleichviel.	Du premier côté venu.
Did I help you to your liking?	Habe ich Ihren Geschmack getroffen?	Vous ai-je servi selon votre goût?
I hope this piece is to your liking.	Ich hoffe, daß dies Stück nach Ihrem Geschmacke ist.	J'espère que ce morceau est à votre goût.
Gentlemen, you have dishes near you.	Meine Herren, die Schüsseln stehen vor Ihnen.	Messieurs, vous avez des plats devant vous.
Help yourselves.	Bedienen Sie sich.	Servez-vous.
Take without ceremony what you like best.	Nehmen Sie ohne Umstände, was Ihnen beliebt.	Prenez sans façon ce que vous aimez le mieux.
What shall I send you?	Was soll ich Ihnen vorlegen?	Que vous servirai-je?

Will you have a piece of this roast-beef?	Wollen Sie ein wenig von diesem Braten?	Voulez-vous un peu de ce rôti?
Do you choose any fat?	Wollen Sie Fettes?	Voulez-vous le gras?
I am not very fond of fat.	Ich liebe das Fette nicht sehr.	Je ne me soucie pas du gras.
Give me some of the lean if you please.	Geben Sie mir Mageres, wenn es Ihnen gefällig ist.	Donnez-moi du maigre, s'il vous plaît.
Here is a piece which I hope will please you.	Hier ist ein Stückchen, das Ihnen gefallen wird.	Voici un morceau qui je crois vous sera agréable.
How do you like the roast-beef?	Wie finden Sie den Braten?	Comment trouvez-vous le rôti?
It is very good, indeed.	Er ist vortrefflich.	Il est excellent.
It is delightful.	Er ist köstlich.	Il est délicieux.
I am very glad it is to your taste.	Es freut mich, daß er Ihnen schmeckt.	Je suis charmé qu'il soit de votre goût.
What do you take with your meat?	Was wünschen Sie zum Fleisch?	Que prenez-vous avec votre viande?
Shall I help you to some vegetables?	Darf ich Ihnen Gemüse geben?	Vous servirai - je des légumes?
Will you have peas, or cauliflower?	Wünschen Sie Erbsen oder Blumenkohl?	Voulez - vous des pois ou des choufleurs?
Here are potatoes and greens.	Hier sind Erdäpfel und Kohl.	Voici des pommes de terre et des choux.
Will you have white, or brown bread?	Wollen Sie Weiß= oder Schwarzbrod haben?	Voulez - vous du pain blanc, ou du pain bis?
It is quite indifferent to me.	Es ist mir ganz gleich.	Cela m'est indifférent.
I will send you a bit of this fowl.	Ich werde Ihnen ein Stückchen von diesem Geflügel vorlegen.	Je vais vous envoyer un morceau de cette volaille.

Not any thing more, I thank you.	Ich danke, ich kann nichts mehr essen.	Je vous remercie, je ne prendrai rien davantage.
You are a poor eater.	Sie sind ein schwacher Esser.	Vous êtes un pauvre mangeur.
You eat nothing.	Sie essen gar nichts.	Vous ne mangez rien.
I ask your pardon, I eat very heartily.	Ich bitte um Verzeihung, ich esse recht stark.	Je vous demande pardon, je mange fort bien.
I do honour to your dinner.	Ich mache Ihrem Essen Ehre.	Je fais honneur à votre diner.
You may take away.	Ihr könnt abdecken.	Vous pouvez desservir.

6. Der Thee.

Have you carried in the tea-things?	Hast du Alles gebracht, was zum Thee gehört?	Avez-vous apporté tout ce qu'il faut pour le thé?
Every thing is on the table.	Es ist Alles auf dem Tische.	Tout est sur la table.
Does the water boil?	Kocht das Wasser?	L'eau bout-elle?
Tea is ready.	Der Thee ist fertig.	Le thé est tout prêt.
They are waiting for you.	Sie werden erwartet.	On vous attend.
I am coming.	Hier bin ich.	Me voici.
I follow you.	Ich folge Ihnen.	Je vous suis.
We have not cups enough.	Wir haben nicht genug Tassen.	Nous n'avons pas assez de tasses.
We want two cups more.	Wir müssen noch zwei Tassen haben.	Il nous faut encore deux tasses.
Bring another spoon, and a saucer.	Bringt noch einen Theelöffel und eine Untertasse.	Apportez encore une cuiller et une soucoupe.
You have not brought in the sugartongs.	Du hast die Zuckerzange nicht gebracht.	Vous n'avez pas apporté les pinces.
Do you take cream?	Nehmen Sie Sahne?	Prenez-vous de la crême?

The tea is so strong.	Der Thee ist so stark.	Le thé est si fort.
I will thank you for a little more milk.	Ich werde noch um etwas Milch bitten.	Je vous demanderai encore un peu de lait.
Here are cakes and muffins.	Hier ist Kuchen und Brodkuchen.	Voici des gâteaux et des gallettes.
Do you prefer bread and butter?	Essen Sie lieber Butterbrod?	Préférez-vous les tartines?
I shall take a slice of bread and butter.	Ich werde ein Butterbrod nehmen.	Je prendrai une beurrée.
Hand the plate this way.	Schieb den Teller hierher.	Passez l'assiette par ici.
Permit me to offer you some cake.	Erlauben Sie mir, Ihnen Kuchen anzubieten.	Permettez-moi de vous offrir du gâteau.
Ring the bell, if you please.	Schellen Sie gefälligst.	Sonnez, s'il vous plaît.
Will you be so kind as to pull the bell?	Wollen Sie gütigst die Glocke ziehen?	Voulez-vous bien tirer la sonnette?
We want more water.	Wir brauchen noch mehr Wasser.	Il nous faut encore de l'eau.
Bring it in as soon as possible.	Bring' es so schnell als möglich.	Apportez-la le plus tôt possible.
Make haste.	Beeile dich.	Dépêchez-vous.
Take the plate along with you.	Nimm den Teller mit.	Emportez l'assiette avec vous.
Is your tea sweet enough?	Ist der Thee süß genug?	Votre thé est-il assez sucré?
Have I put sugar enough in your tea?	Habe ich genug Zucker in Ihren Thee gethan?	Ai-je mis assez de sucre dans votre thé?
It is excellent.	Er ist vortrefflich.	Il est excellent.
I do not like it so very sweet.	Ich habe ihn nicht gern so süß.	Je ne l'aime pas tout-à-fait si sucré.
Your tea is very good.	Ihr Thee ist sehr gut.	Votre thé est très bien.

Where do you buy it?.	Wo kaufen Sie ihn?	Où l'achetez-vous?
I buy it at ...	Ich kaufe ihn bei ...	Je l'achète chez ...
Have you done already?	Sind Sie schon fertig?	Avez-vous déjà fini?
You will take another cup.	Sie werden noch eine Tasse nehmen.	Vous en prendrez encore une tasse.
I will pour you half a cup.	Ich will Ihnen noch eine halbe Tasse einschenken.	Je vais vous en verser une demi-tasse.
You cannot refuse me.	Sie werden es mir nicht abschlagen.	Vous ne me refuserez pas.
I have had three cups, and I never drink more.	Ich habe schon drei Tassen getrunken, und mehr trinke ich nie.	J'en ai pris trois tasses, et je n'en prends jamais davantage.

7. Die Schule.

Say your task.	Sagen Sie Ihre Aufgabe her.	Dites votre leçon.
Do you know your task?	Wissen Sie Ihre Aufgabe?	Savez-vous votre leçon?
Have you learned your task?	Haben Sie Ihre Aufgabe gelernt?	Avez-vous appris votre leçon?
You do not know your task.	Sie wissen Ihre Aufgabe nicht.	Vous ne savez pas votre leçon.
Can you say your task?	Können Sie Ihre Aufgabe?	Pouvez-vous dire votre leçon?
I can say it.	Ich kann sie.	Je puis la dire.
I think I can.	Ich glaube, ja.	Je crois que oui.
I cannot say it perfectly.	Ich kann sie nicht ohne Fehler hersagen.	Je ne puis la dire sans faute.
Why did you not learn your task?	Weshalb haben Sie Ihre Aufgabe nicht gelernt?	Pourquoi n'avez-vous pas appris votre leçon?
I forgot to learn it.	Ich habe vergessen sie zu lernen.	J'ai oublié de l'apprendre.

I learned it last night.	Ich habe Sie gestern Abend gelernt.	Je l'ai apprise hier au soir.
It is too difficult.	Sie ist zu schwer.	Elle est trop difficile.
I could not learn it.	Ich habe sie nicht lernen können.	Je n'ai pas pu l'apprendre.
I have not had time to learn it.	Ich habe nicht die Zeit gehabt, sie zu lernen.	Je n'ai pas eu le temps de l'apprendre.
Learn it again.	Lernen Sie sie noch einmal.	Rapprenez-la.
Where shall I sit?	Wo werde ich mich setzen?	Où m'assiérai-je?
Where am I to sit?	Wohin muß ich mich setzen?	Où faut-il que je m'asseie?
Sit by me.	Setzen Sie sich an meine Seite.	Asseyez-vous à côté de moi.
Sit upon the bench.	Setzen Sie sich auf die Bank.	Asseyez-vous sur le banc.
Sit a little higher up.	Setzen Sie sich etwas höher hinauf.	Asseyez-vous un peu plus haut.
Sit a little lower down.	Setzen Sie sich etwas weiter herunter.	Asseyez-vous un peu plus bas.
Sit further.	Setzen Sie sich weiter hin.	Asseyez-vous plus loin.
Go and sit down in your place.	Setzen Sie sich auf Ihren Platz.	Allez vous asseoir a votre place.
Do not make a noise.	Machen Sie keinen Lärmen.	Ne faites point de bruit.
Do not shake the table.	Stoßen Sie nicht an den Tisch.	Ne faites pas remuer la table.
Lend me your pen.	Leihen Sie mir Ihre Feder.	Prêtez-moi votre plume.
I have lost my book.	Ich habe mein Buch verloren.	J'ai perdu mon livre.

I cannot find my copy-book.	Ich kann mein Schreibe-buch nicht finden.	Je ne saurais trouver mon cahier.
Where did you leave it?	Wo haben Sie es gelassen?	Où l'avez-vous laissé?
I had left it on my shelf.	Ich habe es auf meinem Brette liegen lassen.	Je l'avais laissé sur ma tablette.
Here it is.	Hier ist es.	Le voici.
It is upon the table.	Es ist auf dem Tische.	Il est sur la table.
You have left it in your box.	Sie haben es in Ihrem Fache gelassen.	Vous l'avez laissé dans votre caisse.
Go and fetch it.	Gehen Sie, es zu holen.	Allez le quérir.
Have you got it?	Haben Sie es?	L'avez-vous?
Look for it.	Suchen Sie es.	Cherchez-le.
I have found it.	Ich habe es gefunden.	Je l'ai trouvé.
Where was it?	Wo war es?	Où était-il?
It was under the bench.	Es lag unter der Bank.	Il était sous le banc.

8. Eine Feder zu schneiden.

Can you lend me your penknife?	Können Sie mir Ihr Federmesser leihen?	Pouvez-vous me prêter votre canif?
What do you want it for?	Wozu?	Pour quoi faire?
I want it to make a pen.	Ich brauche es, um eine Feder zu schneiden.	J'en ai besoin pour tailler une plume.
My pen is good for nothing.	Meine Feder taugt nichts.	Ma plume ne vaut rien.
It wants mending.	Sie muß gebessert werden.	Elle a besoin d'être retaillée.
Why don't you use your penknife?	Weßhalb nehmen Sie nicht Ihr Federmesser?	Pourquoi ne vous servez-vous pas de votre canif?
does not cut.	Es schneidet nicht.	Il ne coupe pas.
is blunt.	Es ist stumpf.	Il est émoussé.

It has no edge.	Es ist nicht scharf.	Il n'a pas de fil.
It wants setting.	Es muß geschliffen werden.	Il a besoin d'être repassé.
It is entirely spoilt.	Es ist ganz verdorben.	Il est entièrement gâté.
Shall I make your pen for you?	Soll ich Ihnen Ihre Feder schneiden?	Voulez-vous que je vous taille votre plume?
I should thank you.	Ich würde Ihnen sehr dankbar seyn.	Je vous serais bien. obligé.
Will you have it hard, or soft?	Soll sie hart oder weich seyn?	Voulez-vous qu'elle soit dure ou molle?
I do not like it quite so hard.	Ich habe sie nicht gern so hart.	Je ne l'aime pas tout-à-fait si dure.
Here it is. Try it.	Hier ist sie. Versuchen Sie sie.	La voici. Essayez-la.
How do you like it?	Wie finden Sie sie?	Comment la trouvez-vous?
It is rather too broad.	Sie ist etwas zu grob.	Elle est un peu trop grosse.
It is too fine.	Sie ist zu spitz.	Elle est trop fine.
It is not slit enough.	Sie ist nicht genug gespalten.	Elle n'est pas, assez fendue.
The slit is rather too long.	Die Spitze ist etwas zu lang.	Le bec est un peu trop long.
Try it again.	Versuchen Sie sie noch einmal.	Esseyez-la encore.
It is excellent.	Sie ist vortrefflich.	Elle est excellente.
I am very much obliged to you.	Ich bin Ihnen recht sehr verbunden.	Je vous suis infiniment obligé.
You are very welcome.	Ich stehe zu Diensten.	A votre service.

9. Einen Brief zu schreiben.

Have you got any post-paper?	Haben Sie Briefpapier?	Avez-vous du papier à lettres?
I have a whole quire.	Ich habe ein ganzes Buch.	J'en ai une main tout entière.
Dou you want any?	Brauchen Sie welches?	En avez-vous besoin?
Oblige me by lending me a sheet.	Seyen Sie so gut, mir einen Bogen zu leihen.	Obligez - moi de m'en prêter une feuille.
I have a letter to write this evening.	Ich muß diesen Abend einen Brief schreiben.	J'ai une lettre à écrire ce soir.
Is it for the post?	Soll er auf die Post?	Est-elle pour la poste?
Yes. It must go to-day.	Ja, er muß noch heute abgehen.	Oui. Il faut qu'elle parte aujourd'hui.
You have no time to spare, for it is very late already.	Sie haben keine Zeit zu verlieren, denn es ist schon sehr spät.	Vous n'avez pas de temps à perdre, car il est déjà bien tard.
I shall not be long.	Ich werde bald fertig seyn.	J'aurai bientôt fait.
What day of the month is this?	Was haben wir für ein Datum?	A quel jour sommes-nous du mois?
What is the day of the month?	Der wievielste ist heute?	Quel est le quantième du mois?
To-day is the first, the second, the third.	Es ist heute der erste, der zweite, der dritte.	C'est aujourd'hui le premier, le deux, le trois.
Now I have only the direction to write.	Jetzt habe ich nur noch die Aufschrift zu machen.	Maintenant je n'ai plus que l'adresse à écrire.
The letter is not sealed.	Der Brief ist nicht gesiegelt.	La lettre n'est pas cachetée.
There is no sealing-wax.	Es ist kein Siegellack hier.	Il n'y a pas de cire.
Bring me a wafer.	Bringen Sie mir eine Oblate.	Apportez-moi un pain à cacheter.
cannot find my seal.	Ich kann mein Petschaft nicht finden.	Je ne saurais trouver mon cachet.

What is become of my seal?	Wo ist mein Petschaft hingekommen?	Qu'est devenu mon cachet?
I have got it.	Ich habe es.	Je l'ai.
Now I have done.	Jetzt bin ich fertig.	Maintenant j'ai fini.
Carry this letter to the post-office.	Bringe den Brief auf die Post.	Portez cette lettre à la poste.

10. Die Uhr.

Do you know what o'clock it is?	Wissen Sie, wie viel Uhr es ist?	Savez-vous quelle heure il est?
I don't know exactly.	Ich weiß es nicht genau.	Je ne sais pas au juste.
Look at your watch.	Sehen Sie nach Ihrer Uhr.	Regardez à votre montre.
It is not wound up.	Sie ist nicht aufgezogen.	Elle n'est pas montée.
I forgot to wind it up.	Ich habe vergessen, sie aufzuziehen.	J'ai oublié de la monter.
It does not go.	Sie geht nicht.	Elle ne va pas.
It has stopt.	Sie ist stehen geblieben.	Elle s'est arrêtée.
What o'clock is it by you?	Wie viel ist es nach der Ihrigen?	Quelle heure est-il à la vôtre?
Does yours go well?	Geht die Ihrige gut?	La vôtre va-t-elle bien?
Mine does not go well.	Die meinige geht nicht gut.	La mienne ne va pas bien.
It is not right.	Sie geht nicht recht.	Elle n'est pas à l'heure.
It is too fast.	Sie geht zu früh.	Elle est en avance.
It is too slow.	Sie geht zu spät.	Elle est en retard.
It is out of order.	Sie ist in Unordnung.	Elle est dérangée.
It stops now and then.	Sie steht von Zeit zu Zeit still.	Elle s'arrête de temps en temps.
It goes too slow, too fast.	Sie geht nach, sie geht vor.	Elle retarde, elle avance.

It loses a quarter of an hour every day.	Sie geht täglich eine Viertelstunde nach.	Elle retarde d'un quart d'heure par jour.
It gains half an hour every day.	Sie geht alle Tage eine halbe Stunde vor.	Elle avance tous les jours d'une demi-heure.
Something is broken in it.	Es ist etwas daran zerbrochen.	Il y a quelque chose de cassé.
The main spring is broken.	Die Feder ist entzwei.	Le grand ressort est cassé.
I think the chain is broken.	Ich glaube, die Kette ist zerbrochen.	Je crois que la chaîne est rompue.
You must get it mended.	Sie müssen sie wieder machen lassen.	Il faut la faire raccommoder.
I am going to send it to the watchmaker.	Ich will sie zum Uhrmacher schicken.	Je vais l'envoyer chez l'horloger.
You will do very well.	Sie werden sehr wohl daran thun.	Vous ferez très bien.

11. Der Morgen.

You are up!	Sie sind auf!	Vous voilà levé!
You are up already!	Sie sind schon aufgestanden!	Vous êtes déjà levé!
I have been up this hour.	Ich bin seit einer Stunde auf.	Il y a une heure que je me suis levé.
You got up very early.	Sie sind sehr früh aufgestanden.	Vous vous êtes levé de grand matin.
I commonly rise early.	Ich stehe gewöhnlich bei guter Zeit auf.	Je me lève ordinairement de bonne heure.
It is a very good habit.	Das ist eine sehr gute Gewohnheit.	C'est une fort bonne habitude.
How did you sleep last night?	Wie haben Sie diese Nacht geschlafen?	Comment avez-vous dormi cette nuit?
Did you sleep well?	Haben Sie gut geschlafen?	Avez-vous bien dormi?

Very well. I never a-woke all the night.	Sehr gut. Ich habe in Einem fortgeschlafen.	Très bien. J'ai dormi tout d'un somme.
I slept without a waking.	Ich habe geschlafen, ohne ein Mal aufzuwachen.	J'ai dormi sans me réveiller.
And you, how did you rest?	Und Sie, wie haben Sie geschlafen?	Et vous, avez-vous bien reposé ?
Not very well.	Nicht sehr gut.	Pas très bien.
I could not sleep.	Ich habe nicht schlafen können.	Je n'ai pas pu dormir.
I never closed my eyes all the night.	Ich habe die ganze Nacht kein Auge geschlossen.	Je n'ai pas fermé l'oeil de toute la nuit.
This is a fine morning.	Es ist ein schöner Morgen.	Voici une belle matinée.
What a beautiful day!	Welch ein schöner Tag!	Quel beau jour!
What do you think of taking a little walk?	Was meinen Sie zu einem Spaziergange?	Que pensez-vous d'un tour de promenade?
Shall we have time before breakfast?	Werden wir vor dem Frühstück noch genug Zeit haben?	Aurons-nous assez de temps avant le déjeûner?
We have plenty of time.	Wir haben hinreichend Zeit.	Nous avons tout le temps.
We have full an hour before us.	Wir haben eine gute Stunde vor uns.	Nous avons une grande heure à nous.
Well, let us go for a little airing.	Nun gut, lassen Sie uns gehen, etwas frische Luft zu schöpfen.	Hé bien, allons prendre un peu l'air.
The walk will give us an appetite.	Der Spaziergang wird uns Appetit machen.	La promenade nous donnera de l'appétit.

12. Der Abend.

It begins to grow late.	Es fängt an, spät zu werden.	Il commence à se faire tard.

It is almost time to go to bed.	Es ist bald Zeit, zu Bette zu gehen	Il est bientôt temps d'aller se coucher.
Mr. A. is not come home yet.	Herr A. ist noch nicht zu Hause.	Monsieur A. n'est pas encore rentré.
I don't think he will be long.	Ich glaube nicht, daß er noch lange ausbleiben wird.	Je ne crois pas qu'il reste longtemps.
This is about his time.	Dies ist ungefähr seine Stunde.	Voici à peu près son heure.
He generally keeps good hours.	Er kommt gewöhnlich früh zurück.	Il rentre ordinairement de bonne heure.
I hear a knock.	Ich höre klopfen.	J'entends frapper.
Very likely it is he that knocks.	Wahrscheinlich ist er es, der klopft.	C'est probablement lui qui frappe.
Go and see.	Geh und sieh nach.	Allez voir.
Just so. It is he.	Ja; er ist es.	Justement. C'est lui.
I hope I have not made you wait.	Ich hoffe, daß ich Sie nicht habe warten lassen.	J'espère que je ne vous ai pas fait attendre.
Not in the least. It is but ten o' clock.	Keineswegs. Es ist erst zehn Uhr.	Point du tout. Il n'est que dix heures.
We never go to bed before half past ten.	Wir gehen nie vor halb eilf Uhr zu Bette.	Nous ne nous couchons jamais avant dix heures et demie.
I come just in time.	Ich bin zu rechter Zeit gekommen.	Je suis arrivé à temps.
How did you find your walk to-night?	Wie haben Sie Ihren Abendspaziergang gefunden?	Comment avez - vous trouvé votre promenade ce soir?
Delightful. Very pleasant.	Herrlich. Sehr angenehm.	Délicieuse; très agréable.

It is a charming evening.	Es ist ein prächtiger Abend.	Il fait une soirée charmante.
Are you not tired?	Sind Sie nicht ermüdet?	N'êtes-vous point fatigué?
Not much.	Nicht sehr.	Pas beaucoup.
Won't you rest yourself a little?	Wollen Sie nicht einen Augenblick ausruhen?	Ne voulez-vous pas vous reposer un instant?
No, I thank you. I shall go to bed.	Ich bin Ihnen verbunden, ich will schlafen gehen.	Je vous suis obligé. Je m'en vais me coucher.
It is late.	Es ist spät.	Il est tard.
It is time to go to bed.	Es ist Zeit, zu Bette zu gehen.	Il est l'heure de se coucher.
I wish you a good night.	Ich wünsche Ihnen eine gute Nacht.	Je vous souhaite une bonne nuit.
I wish you the same.	Gleichfalls.	Je vous le souhaite pareillement.
I wish you a good night's rest.	Ich wünsche Ihnen angenehme Ruhe.	Je vous souhaite un bon repos.

13. Der Winter.

It is winter.	Es ist Winter.	Nous voici dans l'hiver.
Winter is come.	Der Winter ist gekommen.	Voilà l'hiver arrivé.
I wish the winter was over already.	Ich wollte, daß der Winter schon vorbei wäre.	Je voudrais que l'hiver fût déjà passé.
As for me, I like winter as well as summer.	Ich liebe den Winter eben so sehr wie den Sommer.	Pour moi, j'aime autant l'hiver que l'été.
You are the only one of that opinion.	Sie sind allein dieser Meinung.	Vous êtes le seul de cette opinion.
How can any one like winter?	Wie kann man den Winter lieben?	Comment peut-on aimer l'hiver?

The days are so short, and the cold is so insupportable.	Die Tage sind so kurz und die Kälte so unerträglich.	Les jours sont si courts, et le froid est si insupportable.
One is no well but by the fire-side.	Man befindet sich nur neben dem Ofen wohl.	On n'est bien qu'auprès du feu.
Can you skate?	Laufen Sie Schlittschuh?	Savez-vous patiner?
Have you skated this year?	Sind Sie dies Jahr Schlittschuh gelaufen?	Avez-vous patiné cette année?
Will they be able to skate to-day?	Wird man heute Schlittschuh laufen können?	Pourra-t-on patiner aujourd'hui?
The ice does not bear.	Das Eis trägt nicht.	La glace ne porte pas.
Do you remember the hard frost of late?	Erinnern Sie sich des strengen Winters vom vergangenen Jahr?	Vous souvenez-vous de l'année du grand hiver?
Yes; it was excessively cold.	Ja, es war ungeheuer kalt.	Oui, il faisait excessivement froid.
The frost lasted two months and a half.	Der Frost hielt zwei und einen halben Monat an.	La gelée dura deux mois et demi.

14. Der Frühling.

We have had no winter this year.	Wir haben dies Jahr keinen Winter gehabt.	Nous n'avons pas eu d'hiver cette année.
It is spring-weather.	Es ist Frühlingswetter.	Il fait un temps de printemps.
I longed for the spring.	Ich sehnte mich nach dem Frühlinge.	Il me tardait d'être au printemps.
It is the season I like best.	Es ist die Jahreszeit, welche ich am meisten liebe.	C'est la saison que j'aime le mieux.
It is the most pleasant of all seasons.	Es ist die angenehmste von allen Jahreszeiten.	C'est la plus agréable de toutes les saisons.

Every thing smiles in nature.	Die ganze Natur lacht.	Tout rit dans la nature.
All the trees are white with bloom.	Alle Bäume prangen in der Blüthe.	Les arbres sont tout blancs de fleurs.
If the weather proves favourable, there will be plenty of fruit this year.	Wenn das Wetter günstig ist, wird es dies Jahr viel Obst geben.	Si le temps est favorable, nous aurons beaucoup de fruit cette année.
All the stone - fruits have failed.	Alle Kernfrüchte sind fehlgeschlagen.	Tous les fruits à noyau ont manqué.
The season is very forward.	Die Jahreszeit ist sehr vorgerückt.	La saison est bien avancée.
The season is very backward.	Die Jahreszeit ist sehr zurück.	La saison est bien retardée.
Every thing is backward.	Alles ist zurück.	Tout est retardé.
Nothing is forward.	Nichts ist vorwärts gekommen.	Rien n'est avancé.

15. Der Sommer.

I fear we shall have a very hot summer.	Ich fürchte, wir werden einen sehr heißen Sommer haben.	Je crains que nous n'ayons un été bien chaud.
We have had no summer this year.	Wir haben dies Jahr keinen Sommer gehabt.	Nous n'avons pas eu d'été cette année.
We have had a fire even in the month of July.	Man mußte noch im Juli einheizen.	On se chauffait encore au mois de juillet.
One would think that the order of the seasons is inverted.	Man sollte meinen, alle Jahreszeiten wären verändert.	On dirait que toutes les saisons sont renversées.
The meadows are mowed already.	Die Wiesen sind schon gemähet.	On a déjà fauché les prés.

Hay-making has begun.	Man macht das Heu.	On fait les foins.
There will be a great deal of hay.	Es wird viel Heu geben.	Il y aura beaucoup de foin.
They have begun the harvest.	Die Ernte hat angefangen.	On a commencé la moisson.
The crop will be plentiful.	Die Ernte wird reichlich seyn.	La récolte sera abondante.
There is rye cut down already.	Es ist schon Korn gemäht.	Il y a déjà des blés découpés.
All the rye will be housed next week.	Alles Korn wird nächste Woche eingebracht seyn.	Tout le blé sera rentré la semaine prochaine.
We have a very hot summer.	Wir haben einen sehr heißen Sommer.	Nous avons un été bien chaud.
No wonder it is so warm, we are in the dogdays.	Es ist nicht zu verwundern, daß wir eine solche Hitze haben; wir sind in den Hundstagen.	Il n'est pas étonnant qu'il fasse si chaud; nous sommes dans la canicule.

16. Der Herbst.

Summer is over.	Der Sommer ist vorüber.	Voilà l'été passé.
We shall only have a few fine days now and then.	Wir werden nur noch dann und wann einige schöne Tage haben.	Nous n'aurons plus que quelques beaux jours par-ci par-là.
The leaves begin to drop.	Die Blätter fangen an abzufallen.	Les feuilles commencent à tomber.
The mornings begin to be cold.	Die Morgen fangen an kühl zu werden.	Les matinées commencent à être froids.
We have had a fire already.	Wir haben schon eingeheizt.	Nous avons déjà fait du feu.
Fire begins to be comfortable.	Das Feuer fängt an, wohl zu thun.	Le feu commence à faire plaisir.

Fire is a good companion.	Das Feuer ist ein guter Gesellschafter.	Le feu est un bon compagnon.
The days are much shortened.	Die Tage haben sehr abgenommen.	Les jours ont bien diminué.
The evenings are long.	Die Abende sind lang.	Les soirées sont longues.
• One cannot see at five o'clock.	Man sieht schon um fünf Uhr nichts mehr.	On n'y voit plus à cinq heures.
It is soon dark.	Es wird schnell dunkel.	Il est tout d'un coup nuit.
Winter draws near.	Der Winter naht.	L'hiver s'approche.
We shall have the shortest day in three weeks.	In drei Wochen haben wir den kürzesten Tag.	Dans trois semaines les jours seront au plus bas.
I wish it was Christmas already.	Ich wünschte, daß es schon Weihnachten wäre.	Je voudrais déjà être à Noël.
The days begin to lengthen.	Die Tage fangen an, länger zu werden.	Les jours commencent à croître.

17. Geld zu wechseln.

Have you got any silver?	Haben Sie Silbergeld?	Avez-vous de l'argent blanc? •
I want change for a guinea.	Ich brauche für eine Guinee kleines Geld.	J'ai besoin de la monnaie d'une guinée.
Can you change me a guinea?	Können Sie mir eine Guinee wechseln?	Pouvez-vous me changer une guinée?
Can you give me change for a guinea?	Können Sie mir für eine Guinee kleines Geld geben?	Pouvez-vous me donner la monnaie d'une guinée?
I don't think I can.	Ich glaube nicht.	Je ne crois pas.
I have got no change about me.	Ich habe kein Geld bei mir.	Je n'ai pas de monnaie sur moi.

Go and get it changed at the next shop.	Gehen Sie in den nächsten Laden, um zu wechseln.	Allez la changer dans la boutique voisine.
I am going to try.	Ich will es versuchen.	Je m'en vais essayer.
Have you got it changed?	Haben Sie sie gewechselt?	L'avez-vous changée?
Yes, here is the change.	Ja, hier ist das Geld.	Oui, en voici la monnaie.
They are all shillings.	Es sind alles Schillinge	Ce sont tous chelins.
Are they all good?	Sind sie alle gut?	Sont-ils tous bons?
I believe they are. You may look at them.	Ich glaube, ja. Sie können sie ansehen.	Je pense que oui. Vous pouvez les examiner.
Is this shilling a good one?	Ist dieser Schilling gut?	Ce chelin est-il bon?
This does not seem a good one.	Dieser scheint nicht gut zu seyn.	Celui-ci ne paraît pas bon.
Let me look at it.	Lassen Sie mich sehen.	Que je le voie.
Sound it.	Lassen Sie ihn klingen.	Faites-le sonner.
It does not sound well.	Er klingt nicht gut.	Il ne sonne pas bien
I think it is a bad one.	Ich glaube, er ist falsch.	Je le crois mauvais.
I think it is good for nothing.	Ich glaube, er taugt nichts.	Je crois qu'il ne vaut rien.
Take it back.	Tragen Sie ihn zurück.	Reportez-le.
There is a great deal of bad money about.	Es ist viel falsches Geld im Umlauf.	Il court beaucoup de fausse monnaie.

18. Nach dem Wege fragen.

Pray, which is the way to go to . . .?	Ich bitte, sagen Sie mir, welches der Weg nach . . . ist?	Quel est, je vous prie, le chemin pour aller à . . .?
Which is the shortest way to go to . . .?	Welches ist der kürzeste Weg nach . . .?	Quel est le plus court chemin pour aller à . . .?
Can you tell me whether this road leads to . . .?	Können Sie mir sagen, ob diese Straße nach . . . führt?	Savez-vous me dire si cette route conduit à . . .?

Is not this the way to . . .?	Ist dies nicht der Weg nach . . .?	N'est-ce pas ici le chemin de . . .?
Is this the right way to go to . . .?	Ist dies der richtige Weg nach . . .?	Est-ce ici le chemin pour aller à . . .?
Am I not in the road to . . .?	Bin ich nicht auf dem Wege nach . . .?	Ne suis-je pas dans la route de . . .?
You are not in the right way.	Sie sind nicht auf dem rechten Wege.	Vous n'êtes pas dans le vrai chemin.
You are quite out of the way.	Sie sind ganz ab von dem Wege.	Vous êtes entièrement hors du chemin.
Which way am I to go?	Nach welcher Seite muß ich gehen?	De quel côté faut-il que j'aille?
Go straight before you.	Gehen Sie gerade aus.	Allez tout droit.
You will find a lane on your left hand.	Sie werden linker Hand einen Fußsteig finden.	Vous trouverez une ruelle sur votre gauche.
Take that lane, it will carry you to the main road.	Folgen Sie diesem Fußsteige; er wird Sie auf die große Straße führen.	Suivez cette ruelle, elle vous conduira dans la grande route.
You cannot mistake your way.	Sie können den Weg nicht verfehlen.	Vous ne pouvez pas vous tromper de chemin.
How far may it be from here?	Wie weit kann es von hier seyn?	Combien peut-il y avoir d'ici?
One mile, or there about.	Ungefähr eine Meile.	Un mille, ou à peu près.
About a mile.	Etwa eine Meile.	Environ un mille.
It is not above a mile.	Es ist nicht über eine Meile.	Il n'y a pas plus d'un mille.
It is hardly one mile.	Es ist kaum eine Meile.	Il y a à peine un mille.
There is full one mile from here.	Es ist eine starke Meile von hier.	Il y a un grand mille d'ici.
There is little better than one mile.	Es ist etwas mehr als eine Meile.	Il y a un peu plus d'un mille.

There is little less than three miles.	Es ist nicht viel weniger als drei Meilen.	Il n'y a guère moins de trois milles.

19. Sich nach Jemandem zu erkundigen.

Do you know Mr. N. in this place?	Kennen Sie hier Herrn N.?	Connaissez-vous ici monsieur N.?
Is there not living here about a person whose name is...?	Wohnt nicht hier in der Gegend Jemand, der ... heißt?	Ne demeure-t-il pas par ici une personne qui se nomme...?
I don't know any body of that name.	Ich kenne Niemand dieses Namens.	Je ne connais personne de ce nom.
I believe, there is.	Ich glaube, ja.	Je crois que oui.
Yes. There is a person of that name.	Ja. Es ist einer des Namens hier.	Oui. Il y a quelqu'un de ce nom.
Do you know him?	Kennen Sie ihn?	Le connaissez-vous?
I know him perfectly well.	Ich kenne ihn sehr genau.	Je le connais parfaitement.
Can you tell me where he lives?	Können Sie mir sagen, wo er wohnt?	Pouvez-vous me dire où il demeure?
Where does he live?	Wo wohnt er?	Où demeure-t-il?
Whereabout does he live?	In welcher Gegend wohnt er?	De quel côté demeure-t-il?
He lives near the fish-market.	Er wohnt nahe bei dem Fischmarkt.	Il demeure près de la poissonnerie.
He lives in such a street.	Er wohnt in der Straße.	Il demeure dans telle rue.
Is it far from here?	Ist es weit von hier?	Est-ce loin d'ici?
There is but two steps from here.	Es sind nur ein Paar Schritte.	Il n'y a que deux pas d'ici.
There is but a very little way.	Es ist ganz nahe hierbei.	Ce n'est qu'à deux pas d'ici.
Can you direct me to his house?	Können Sie mir sein Haus beschreiben?	Pouvez-vous m'indiquer sa maison?

I am going that way myself.	Ich gehe selbst in die Gegend.	Je vais moi-même de ce côté-là.
I will show you where he lives.	Ich werde Ihnen zeigen, wo er wohnt.	Je vous montrerai où il demeure.
I will show you his house.	Ich werde Ihnen sein Haus zeigen.	Je vous montrerai sa maison.

20. Nätherei.

I want a needle.	Ich brauche eine Näh=nabel.	J'ai besoin d'une ai-guille.
What are you going to sew?	Was wollen Sie nä=hen?	Qu'est - ce que vous allez coudre?
I am going to mend my gown.	Ich will mein Kleid ausbessern.	Je vais raccommoder ma robe.
This needle is too large.	Diese Nähnabel ist zu grob.	Cette aiguille est trop grosse.
Here is another.	Hier ist eine andere.	En voici une autre.
This is too small.	Diese ist zu fein.	Celle-ci est trop fine.
Give me some thread, some silk, some cotton, some worsted.	Geben Sie mir Zwirn, Seide, Baumwolle, Wolle.	Donnez-moi du fil, de la soie, du coton, de la laine.
What colour do you want?	Welche Farbe brauchen Sie?	Quelle couleur vous faut-il?
I want some red.	Ich brauche roth.	Il me faut du rouge.
What is it for?	Wozu wollen Sie es?	Pour quoi faire?
To stitch my collar.	Um meinen Kragen zu nähen.	Pour coudre mon collet.
Is this the colour you want?	Ist dies die Farbe, die Sie brauchen?	Est-ce là la couleur qu'il vous faut?
This colour will not do.	Diese Farbe paßt nicht.	Cette couleur n'ira pas.
It is too deep.	Sie ist zu dunkel.	Elle est trop foncée.
It is too light.	Sie ist zu hell.	Elle est trop claire.

Have you finished your apron?	Sind Sie mit Ihrer Schürze fertig?	Avez - vous fini votre tablier?
Not quite.	Noch nicht ganz.	Pas tout-à-fait.
I have had something else to do.	Ich habe andere Arbeit gehabt.	J'ai eu autre chose à faire.
What have you had to do?	Was haben Sie zu thun gehabt?	Qu'avez - vous eu à faire?
I have been hemming my handkerchief.	Ich habe mein Schnupftuch gesäumt.	J'ai ourlé mon mouchoir.
Then I had my gloves to sew.	Dann hatte ich meine Handschuhe zu nähen.	Ensuite j'ai eu mes gants à coudre.
Indeed you have been very busy.	Wirklich, Sie sind sehr beschäftigt gewesen.	En vérité vous avez été bien occupée.

21. Das Feuer.

The fire is very low.	Das Feuer ist fast niebergebrannt.	Le feu est bien bas.
Here is a poor fire.	Das ist ein ärmliches Feuer.	Voici un pauvre feu.
Here is a very bad fire.	Das ist ein sehr schlechtes Feuer.	Voici un bien mauvais feu.
You have not taken care of the fire.	Sie haben nicht auf das Feuer Acht gegeben.	Vous n'avez pas eu soin du feu.
You have not kept the fire up.	Sie haben das Feuer nicht unterhalten.	Vous n'avez pas entretenu le feu.
You have let the fire go out.	Sie haben das Feuer ausgehen lassen.	Vous avez laissé éteindre le feu.
It is not quite out.	Es ist noch nicht ganz aus.	Il n'est pas tout-à-fait éteint.
It must be lighted up again.	Es muß wieder angezündet werden.	Il faut qu'il soit rallumé.

Come and make up the fire.	Kommen Sie, und machen Sie das Feuer wieder an.	Venez raccommoder le feu.
What do you look for?	Was suchen Sie?	Que cherchez-vous?
I am looking for the tongs.	Ich suche die Feuerzange.	Je cherche les pincettes.
Here they are in the corner.	Da steht sie in der Ecke.	Les voici dans le coin.
Where are the bellows?	Wo ist der Blasebalg?	Où est le soufflet?
Go and fetch the bellows.	Holen Sie den Blasebalg.	Allez quérir le soufflet.
Blow the fire.	Blasen Sie das Feuer an.	Soufflez le feu.
Blow it gently.	Blasen Sie es langsam an.	Soufflez-le doucement.
Do not blow so hard.	Blasen Sie nicht so stark.	Ne soufflez pas si fort.
Put a few shavings on the top.	Legen Sie etwas Hobelspäne darauf.	Mettez quelques copeaux en dessus.
Now put on two or three pieces of wood.	Legen Sie jetzt zwei oder drei Stücke Holz auf.	Maintenant mettez deux ou trois morceaux de bois.
It will soon draw up.	Es wird sogleich anbrennen.	Il va prendre à l'instant.
It begins to blaze.	Es fängt an zu flackern.	Il commence à flamber.
Take the shovel, and put on some coals.	Nehmen Sie die Schaufel, und legen Sie Kohlen auf.	Prenez la pelle, et mettez du charbon.
Do not put too many at a time.	Legen Sie nicht zu viel auf einmal ein.	N'en mettez pas trop à la fois.
If you put too many coals, you will put the fire out.	Wenn Sie zu viel Kohlen auflegen, so löschen Sie das Feuer aus.	Si vous mettez trop de charbon, vous éteindrez le feu.

Raise it up with the poker, it will give it a little air.	Heben Sie es mit dem Hacken in die Höhe, das wird ihm etwas Zug geben.	Soulevez-le avec le fourgon, cela lui donnera un peu d'air.
Now the fire is very good.	Jetzt ist ein gutes Feuer da.	Maintenant voici un bon feu.

22. Das Obst.

Should you like to take a turn in the garden?	Wollen Sie mit in den Garten gehen?	Voulez-vous faire un tour dans le jardin?
Willingly.	Sehr gern.	Volontiers.
I am very fond of gardens.	Ich liebe die Gärten sehr.	J'aime beaucoup les jardins.
The trees have done blowing.	Die Bäume haben abgeblüht.	Les arbres ont fini de fleurir.
There is a great show of plums this year.	Die Pflaumenbäume versprechen dies Jahr viel zu tragen.	Les pruniers promettent beaucoup cette année.
The plums begin to set.	Die Pflaumen setzen an.	Les prunes commencent à nouer.
How thick they hang!	Wie viel es gibt!	Quelle quantité il y en a!
They are a good deal too thick.	Sie sitzen viel zu dicht.	Elles sont beaucoup trop drues.
They want thinning.	Sie müssen noch dünner werden.	Elles ont besoin d'être éclaircies.
There will be very few apricots this year.	Es wird dies Jahr sehr wenig Aprikosen geben.	Il y aura très peu d'abricots cette année.
They have generally failed.	Sie sind allgemein mißrathen.	Ils ont généralement manqué.
How tempting these peaches look.	Wie gut diese Pfirsiche aussehen.	Que ces pêches ont bonne mine.

This tree bears a great many every year.

Dieſer Baum trägt alle Jahre ſehr viel.

Cet arbre-ci en donne une grande quantité tous les ans.

This tree is a good bearer.

Dieſer Baum gibt viele Früchte.

Cet arbre donne beaucoup de fruit.

Cherries and strawberries are now in their prime.

Die Kirſchen und Erdbeeren ſind jetzt in ihrer beſten Zeit.

Les cerises et les fraises sont maintenant en pleine saison.

They will soon be over.

Es wird bald damit vorbei ſeyn.

Elles seront bientôt passées.

These grapes are quite ripe.

Dieſe Trauben ſind ganz reif.

Ces raisins sont tout-à-fait mûrs.

I had some ripe ones a week ago.

Ich habe ſchon vor acht Tagen reife gehabt.

J'en ai eu de mûrs il y a huit jours.

They are very early.

Sie ſind ſehr frühzeitig.

Ils sont bien précoces.

How are the trees in your orchard ?

Wie ſind die Bäume in Ihrem Obſtgarten ?

Comment sont les arbres dans votre verger ?

They are loaded with fruit.

Sie ſind voller Früchte.

Ils sont chargés de fruit.

23. Die Blumen.

You have not seen my flowers ?

Sie haben meine Blumen nicht geſehen ?

Vous n'avez pas vu mes fleurs ?

Come and see my flowers.

Kommen Sie, meine Blumen zu ſehen.

Venez voir mes fleurs.

They are beautiful.

Sie ſind prächtig.

Elles sont superbes.

The garden begins to look pleasant.

Der Garten fängt an, einen ſchönen Anblick zu gewähren.

Le jardin commence à présenter un joli coup d'oeil.

The flowers come up apace.

Die Blumen kommen im Ueberfluß.

Les fleurs viennent en abondance.

The crocusses have been in bloom some time ago.	Der Safran ist seit einiger Zeit in Blüthe.	Il y a quelque temps que le safran est en fleur.
The daffodills will soon come out.	Die Narzissen werden bald blühen.	Les narcisses fleuriront bientôt.
Are your tulips blown?	Blühen Ihre Tulpen schon?	Vos tulipes sont-elles fleuries ?
Yes. We shall see them presently.	Ja. Wir werden sie sogleich sehen.	Oui. Nous les verrons ce moment.
What a fine bed you have of them!	Welch ein schönes Beet Sie haben!	Quelle superbe planche vous en avez!
The hyacinths are almost over.	Die Hyazinthen sind beinahe abgeblüht.	Les jacinthes sont presque passées.
What flower is this?	Was ist das für eine Blume?	Quelle fleur est-ce là?
How do you call this flower?	Wie nennen Sie diese Blume?	Comment nommez-vous cette fleur?
What a beautiful double wallflower!	Welch ein schöner doppelter Goldlack!	Quelle belle ravanelle double!
Here is a fine double stock-gilliflower!	Das ist eine prachtvolle doppelte Levkoie!	Voici une superbe giroflée double!
Are you fond of carnations?	Lieben Sie die Nelken?	Aimez-vous les oeillets?
Yes. But I don't like the smell.	Ja; aber den Geruch liebe ich nicht.	Oui. Mais je n'en aime pas l'odeur.
Here are some pretty fine ones.	Hier sind recht schöne.	En voici d'assez beaux.
You have a very fine collection of flowers.	Sie haben einen prächtigen Blumenflor.	Vous avez une superbe collection de fleurs.
You keep your garden very clean.	Sie halten Ihren Garten sehr in Ordnung.	Vous tenez votre jardin bien propre.

24. Die Pflanzen.

Now I must pay a visit to your kitchengarden.	Jetzt muß ich Ihren Küchengarten sehen.	Maintenant il faut que j'aille faire une visite à votre jardin potager.
How every thing grows!	Wie alles keimt!	Comme tout pousse!
The rain has done a great deal of good.	Der Regen ist sehr wohlthätig gewesen.	La pluie a fait beaucoup de bien.
We wanted it very much.	Wir bedürften dessen sehr.	Nous en avions bien besoin.
What a quantity of cabbages and cauliflowers!	Welche Menge Kohl und Blumenkohl!	Quelle quantité de choux et de choux-fleurs!
We use a great many in the family.	Wir verbrauchen viel davon in der Wirthschaft.	Nous en consumons beaucoup dans la maison.
Here is a fine bed of asparagus.	Das ist ein schönes Spargelbeet.	Voici un beau plant d'asperges.
I am very fond of them.	Ich liebe den Spargel außerordentlich.	Je les aime extrèmement.
I like artichokes nearly as well.	Ich liebe die Artischocken beinahe eben so sehr.	J'aime presque autant les artichaux.
These peas are in bloom already.	Diese Erbsen blühen schon.	Ces pois sont déjà en fleur.
Have you planted any kidney-beans?	Haben Sie Bohnen gepflanzt?	Avez-vous planté des haricots?
I have some out of the ground.	Ich habe welche, die schon herausgekommen sind.	J'en ai qui sont hors de terre.
You will have some very early.	Sie werden sehr früh Bohnen haben.	Vous en aurez de bonne heure.
You will have a full crop.	Sie werden eine reiche Ernte haben.	Vous en aurez pleine récolte.
What is that?	Was ist das?	Qu'est-ce que cela?

They are carrots.	Es sind gelbe Rüben.	Ce sont des carrottes.
Are these onions?	Sind das Zwiebeln?	Est-ce là de l'oignon?
No. They are leeks.	Nein. Es ist Knoblauch.	Non. Ce sont des poi-reaux.
They are very much like onions.	Er gleicht sehr den Zwiebeln.	Ils ressemblent beaucoup à de l'oignon.
I see you have got all sorts of salad.	Ich sehe, daß Sie alle Arten von Salat haben.	Je vois que vous avez toutes sortes de salade.
This is endive.	Dies sind Endivien.	Ceci est de la chicorie.
I prefer it to lettuce.	Ich ziehe sie dem Lattich vor.	Je la préfère à la laitue.
I don't see any celery.	Ich sehe keinen Sellerie.	Je ne vois point de céleri.
It is in another part of the garden.	Er ist an einer andern Stelle des Gartens.	Il est dans un autre endroit du jardin.
You have plenty of every thing.	Sie haben Alles in Ueberfluß.	Vous avez de tout en abondance.

25. Der Spaziergang.

Shall we go and take a little walk?	Wollen wir einen kleinen Spaziergang machen?	Irons-nous faire un petit tour?
With all my heart.	Von Herzen gern.	De tout mon coeur.
I must beg leave to go and take my cane.	Ich werde Sie um Erlaubniß bitten, meinen Stock holen zu dürfen.	Je vous demanderai la permission d'aller prendre ma canne.
I will be with you in a minute.	Ich werde in einer Minute wieder bei Ihnen seyn.	Je serai à vous dans une minute.
Now I am ready to follow you.	Jetzt bin ich bereit, Ihnen zu folgen.	Maintenant je suis prêt à vous suivre.
I am at your command.	Ich stehe zu Befehl.	Je suis à vos ordres.
We will go, when you please.	Wir können gehen, wenn Sie wollen.	Nous partirons quand vous voudrez.

Which way shall we go?	Wohin gehen wir?	De quel côté irons-nous?
Let us go over the fields.	Wir wollen auf das Feld gehen.	Allons dans la campagne.
I am afraid the roads are too dusty.	Ich fürchte, die Wege werden zu staubig seyn.	J'ai peur qu'il ne fasse trop de poussière sur les routes.
The rain has laid the dust a little.	Der Regen hat den Staub etwas nieder= geschlagen.	La pluie a un peu abattu la poussière.
Let us go through the hop-grounds.	Lassen Sie uns durch die Hopfengärten gehen.	Traversons les houblo- nières.
It is a very pleasant walk.	Es ist ein sehr ange= nehmer Spaziergang.	C'est une promenade fort agréable.
We shall be sheltered from the sun.	Wir werden im Schat= ten seyn.	Nous serons à l'abri du soleil.
Shall we cross this field?	Wollen Sie über dies Feld gehen?	Voulez-vous traverser ce champ?
Let us take this foot- path.	Lassen Sie uns diesen Fußsteig gehen.	Allons par ce sentier.
It is the nearest way to go home.	Dies ist der kürzeste Weg nach Hause.	C'est le plus court che- min pour retourner à la maison.
It is not late.	Es ist nicht spät.	Il n'est pas tard.
I want to be home in good time.	Ich wünsche bei guter Zeit zurück zu seyn.	J'ai envie de rentrer de bonne heure.
We have only half an hour's walk.	Wir haben nur eine halbe Stunde zu gehen.	Nous n'avons que pour une demi-heure de marche.
We shall reach home in good time.	Wir werden bei guter Zeit zurück seyn.	Nous serons revenus de bonne heure.

26. Die Mode.

Will you go with me?	Wollen Sie mit mir kommen?	Voulez-vous venir avec. moi?
Where - have you a mind to go to?	Wohin haben Sie Luft zu gehen?	Où avez-vous envie d'aller?
I have a mind to go to a hosier's.	Ich möchte zu einem Strumpfhändler gehen.	J'ai envie d'aller chez un marchand de bas.
Have you seen any thing to your liking?	Haben Sie etwas nach Ihrem Geschmack gefunden?	Avez-vous vu quelque chose à votre goût?
Yes, I have seen some very fine stockings in a shop, which please me much.	Ja, ich habe in einem Laden recht schöne Strümpfe gesehen, die mir sehr gefallen.	Oui, j'ai vu dans une boutique de fort beaux bas, qui me plaisent beaucoup.
I have likewise a mind to buy a hat.	Ich habe auch Luft, einen Hut zu kaufen.	Je voudrais bien acheter aussi un chapeau.
There is a new fashion.	Es gibt eine neue Mode.	Il y a une nouvelle mode.
Fashions change every day.	Moden wechseln alle Tage.	Les modes changent tous les jours.
I am not sorry for it; variety pleases.	Ich bin nicht betrübt darüber; Abwechselung ist angenehm.	Je n'en suis pas fâché, la variété plaît.
Nor I neither, I assure you.	Ich auch nicht, das versichere ich Sie.	Ni moi non plus, je vous assure.
We must conform to new fashions.	Wir müssen uns nach den neuen Moden richten.	Il faut se conformer aux nouvelles modes.
It is absolutely necessary in the age we live in.	Das ist in unserm Zeitalter durchaus nothwendig.	C'est absolument nécessaire dans le siècle où nous vivons.
One would render one's self ridiculous, if one did not conform to them.	Man würde sich lächerlich machen, wenn man sich nicht darein schicken wollte.	On se rendrait ridicule, si on ne s'y conformait pas.

There are fashions, which are very ridiculous.	Es gibt Moden, die sehr lächerlich sind.	Il y a des modes qui sont bien ridicules.
It is true, because it is caprice, which invents them.	Das ist gewiß, weil Launen sie erfinden.	C'est vrai, parce que c'est le caprice qui les invente.
And it is the same caprice which changes them.	Und dieselbe Laune verändert sie auch wieder.	Et c'est le même caprice qui les change.
Let us go immediately; the shop is some way off.	Lassen Sie uns sogleich hingehen; der Laden ist etwas weit.	Allons tout de suite; la boutique est un peu éloignée.

27. Mit einem Strumpf= und Huthändler.

What is the price af these stockings?	Was ist der Preis von diesen Strümpfen?	Quel est le prix de ces bas?
I sell them at eighteen shillings à pair.	Ich verkaufe das Paar zu achtzehn Schillinge.	Je les vends dix-huit shellings la paire.
Don't you think, that is too dear?	Denken Sie nicht, daß das zu theuer ist?	Ne pensez-vous pas que ce soit trop cher?
Consider, that they are heavy and very fine.	Bedenken Sie, daß sie schwer und sehr fein sind.	Considérez qu'ils sont pesants et fort beaux.
I grant it; but the colour does not please me.	Das gebe ich zu, aber die Farbe gefällt mir nicht.	J'en conviens, mais la couleur ne me plaît pas.
Here are others, you may choose.	Hier sind andere, Sie können wählen.	En voici d'autres, vous pouvez choisir.
I like these well enough; how do you sell them?	Diese gefallen mir recht gut; wie verkaufen Sie die?	Ceux-ci me plaisent assez; combien les vendez-vous?
They are all of the same price.	Sie sind alle von einerlei Preis.	Ils sont tous du même prix.

I will give you fifteen shillings for them.	Ich will Ihnen fünfzehn Schillinge dafür geben.	Je vous en donnerai quinze shellings.
I have told you my last word.	Ich habe Ihnen mein letztes Wort gesagt.	Je vous ai dit mon dernier mot.
Will you take sixteen shillings for them?	Wollen Sie sechszehn Schillinge dafür nehmen?	En voulez-vous seize shellings?
Indeed I cannot, I don't overcharge.	In der That ich kann nicht; ich übertheure nicht.	En vérité je ne saurais, je ne surfais pas.
That is what all shopkeepers say.	Das sagen alle Handelsleute.	C'est ce que disent tous les marchands.
If you will sell them to me for seventeen shillings, I will take two pair this time.	Wollen Sie sie mir für siebenzehn Schilling verkaufen, so will ich diesmal zwei Paar nehmen.	Si vous me les passez à dix-sept shellings, j'en prendrai deux paires cette fois-ci.
I hope then you will favour me with your custom another time.	Doch hoffe ich aber, daß Sie mir Ihre Kundschaft ein andermal gönnen werden.	J'espère donc que vous me donnerez votre pratique une autre fois.
You may depend upon it.	Sie können sich darauf verlassen.	Vous pouvez compter là dessus.

28. Fortsetzung.

Do you want nothing else?	Bedürfen Sie sonst nichts?	N'avez-vous pas besoin d'autre chose?
I want a hat.	Ich habe einen Hut nöthig.	Il me faut un chapeau.
We have some, which are very fine and in fashion.	Wir haben welche, die sehr fein und modisch sind.	Nous en avons qui sont très fins et à la mode.

They wear them now extremely large.	Man trägt sie jetzt außerordentlich groß.	On les porte à présent extrêmement grands.
One should proportion the hats to the heads and to person.	Man sollte die Hüte nach Verhältniß der Köpfe und der Personen einrichten.	On devrait proportionner les chapeaux aux têtes et aux personnes.
Here is one that will fit you well.	Hier ist einer, der Ihnen gut passen wird.	En voici un qui vous coiffera bien.
The crown is too small, it is too tight.	Der Kopf ist zu klein, er ist zu eng.	La forme est trop petite, elle me serre trop.
Here is another of the same quality; the crown is a little larger.	Hier ist ein anderer von derselben Güte; der Kopf ist etwas größer.	En voici un autre de la même qualité; la forme est un peu plus large.
I like this; how do you sell it?	Dieser gefällt mir; wie theuer verkaufen Sie ihn?	Celui-ci me plaît, combien le vendez-vous?
Fifteen shillings, it is a fixed price.	Fünfzehn Schilling; das ist ein fester Preis.	Quinze shillings, c'est un prix fixe.
Where shall I send it to you?	Wohin soll ich ihn Ihnen schicken?	Où vous l'enverrai-je?
I will give you my direction.	Ich will Ihnen meine Adresse geben.	Je vous donnerai mon adresse.
Do not fail to send it me to-morrow morning.	Schicken Sie mir ihn unfehlbar morgen früh.	Ne manquez pas de me l'envoyer demain matin.
I shall not fail.	Ich werde nicht ermangeln.	Je n'y manquerai pas.

29. Mit einem Tuchhändler.

| Have you got any fine cloth? | Haben Sie schönes Tuch? | Avez-vous de beau drap? |
| What sort of cloth do you wish to have? | Welche Art von Tuch wünschen Sie? | Quelle sorte de drap voulez-vous? |

What price?	Zu welchem Preise?	De quel prix?
We have different prices.	Wir haben es zu verschiedenen Preisen.	Nous en avons à différents prix.
Show me the best you have.	Zeigen Sie mir das beste, welches Sie haben.	Montrez-moi ce que vous avez de meilleur.
Is this the finest you have?	Ist dies das feinste, welches Sie haben?	Est-ce là le plus fin que vous ayez?
How much do you sell it an ell?	Wie theuer verkaufen Sie die Elle?	Combien le vendez-vous l'aune?
I sell it for ten half crowns an ell?	Ich verkaufe die Elle zu zehn Thaler?	Je le vends dix écus l'aune?
I find it very dear.	Ich finde es sehr theuer.	Je le trouve bien cher.
What is the lowest price, for I do not like to haggle.	Welches ist der billigste Preis, denn ich handle nicht gern.	Quel est votre dernier prix, car je n'aime pas à marchander.
Sir, I never ask more than I can take.	Mein Herr, ich überfordere nie.	Je ne surfais jamais, Monsieur.
I have but one price.	Ich habe feste Preise.	Je n'ai qu'un prix.
Can you let me have it for . . .?	Können Sie es mir zu . . . lassen?	Pouvez - vous me le donner pour . . .?
Indeed, I cannot sell it under.	Ich kann es wirklich nicht billiger verkaufen.	En vérité je ne puis le vendre à moins.
I cannot give it for less.	Ich kann es nicht wohlfeiler geben.	Je ne puis le donner à moins.
You know I am a good customer.	Sie wissen, daß ich eine gute Kunde bin.	Vous savez que je suis une bonne pratique.
It is true; but it is not right I should sell at a loss.	Das ist wahr; doch es ist nicht billig, daß ich mit Verlust verkaufe.	C'est vrai; mais je ne puis vendre à perte.
Well, let us split the difference.	Nun wohl, lassen Sie uns den Unterschied theilen.	Eh bien! partageons le différend.

| Indeed, you have it at prime cost. | Sie erhalten es wirklich für den Kostenpreis. | Vous l'avez au prix coûtant, en vérité. |

30. Fortsetzung.

Do you wish to have any thing else?	Wünschen Sie noch etwas?	Ne désirez-vous pas autre chose?
Let me see your patterns.	Zeigen Sie mir Ihre Muster.	Montrez-moi vos échantillons.
I want some stuff for a waistcoat.	Ich brauche Westenzeug.	J'ai besoin d'une étoffe pour faire un gilet.
Here are some of all colours.	Hier ist welches von allen Farben.	En voici de toutes les couleurs.
This colour is too dark.	Diese Farbe ist zu dunkel.	Cette couleur-ci est trop sombre.
That is too light.	Diese ist zu hell.	Celle-là est trop claire.
I want something that does not get dirty.	Ich wünsche etwas, das nicht schmutzt.	Je veux quelque chose qui ne soit pas salissant.
I want something that washes.	Ich wünsche etwas, das sich waschen läßt.	Je veux quelque chose qui se lave.
Is this colour a good dye?	Ist diese Farbe ächt?	Cette couleur est-elle solide?
I like this colour well enough; but I fear the colour won't stand.	Dies Muster gefällt mir sehr; aber ich fürchte, daß die Farbe ausgeht.	J'aime beaucoup cette couleur, mais je crains qu'elle ne passe.
You may take it upon my word.	Sie können es auf mein Wort nehmen.	Vous pouvez la prendre sur ma parole.
Now let me know what I owe you.	Sagen Sie mir nun, wie viel ich Ihnen schuldig bin.	A présent dites-moi, combien je vous dois.
Here is your account.	Hier ist Ihre Rechnung.	Voici votre compte.

It comes in all to seventy two francs.	Das Ganze beträgt zwei und siebenzig Francs.	Le tout se monte à soixante-douze francs.
Are you not mistaken?	Irren Sie sich nicht?	Ne vous trompez-vous pas?
The account is right. You may reckon yourself.	Die Rechnung ist richtig. Sie können selbst nachrechnen.	Le compte est juste. Comptez vous-même.
Here are four louis, which make eighty francs. You are to give me seven francs ten nous.	Hier sind vier Louisd'or, welche achtzig Francs machen. Sie haben mir sieben Francs zehn Sous herauszugeben.	Voici quatre louis qui font quatre-vingts francs. Vous me rendrez sept francs dix sous.
Here they are, Sir.	Hier sind sie, mein Herr.	Les voici, Monsieur.
Send me that down immediately.	Schicken Sie mir es sogleich.	Envoyez-moi cela sur le champ.
You shall have it within a quarter of an hour.	Sie sollen es in einer Viertelstunde erhalten.	Vous allez l'avoir dans un quart d'heure.

31. Die Wohnung.

Have you any rooms to let?	Haben Sie Zimmer zu vermiethen?	Avez-vous des chambres à louer?
Yes, Sir, I have several. What rooms do you wish to have?	Ja, mein Herr, ich habe mehre. Was für Zimmer wünschen Sie?	Oui, Monsieur, j'en ai plusieurs. Quelles chambres désirez-vous?
Do you want an apartment furnished, or unfurnished?	Wollen Sie ein möblirtes oder ein unmöblirtes Zimmer?	Voulez-vous un appartement meublé, ou non meublé?
I want furnished rooms.	Ich brauche möblirte Zimmer.	J'ai besoin de chambres meublées.

I should like to have two bedrooms, with a parlour and a kitchen.
I can accommodate you. Please to walk in.
I will show you the rooms. Here is the sitting-room.
It is not very large, but it will do for me.

You see that there is every thing necessary, and that the furniture is very neat.
Here are two armchairs, six chairs, a new carpet, a fine glass, and very neat curtains.
Besides that, there are cupboards on both sides of the chimney.
Let me now see the bedrooms.

This way, Sir, if you please.

Does the room look into the street?

Ich würde zwei Schlafstuben nebst einem Saal und einer Küche brauchen.
Ich kann Ihnen dienen. Geben Sie sich die Mühe herein zu treten.
Ich will Ihnen die Zimmer zeigen. Hier ist der Saal.
Er ist nicht sehr groß, aber er paßt für mich.
Sie sehen, daß Alles hier ist, was Sie bedürfen, und daß die Möbel sehr gut sind.
Hier sind zwei Armstühle, sechs Stühle, ein neuer Teppich, ein schöner Spiegel und sehr saubre Vorhänge.
Auch sind an beiden Seiten des Kamins Schränke.
Lassen Sie mich nun die Schlafstuben sehen.

Hierher, mein Herr, wenn es Ihnen gefällig ist.

Geht die Stube auf die Straße hinaus?

Il me faudrait deux chambres à coucher avec une salle et une cuisine.
Je puis vous accommoder. Donnez-vous la peine d'entrer.
Je vais vous faire voir les chambres. Voici la salle.
Elle n'est pas très grande, mais elle peut faire mon affaire.
Vous voyez qu'il y a tout ce qu'il faut, et que les meubles en sont très propres.
Voici deux fauteuils, six chaises, un tapis neuf, une belle glace et des rideaux très propres.
De plus, il y a des armoires aux deux côtés de la cheminée.
Faites-moi voir maintenant les chambres à coucher.

Par ici, Monsieur, s'il vous plaît.

La chambre donne-t-elle sur la rue?

No, Sir; it looks into the garden.	Nein, mein Herr; fie geht nach dem Garten hinaus.	Non, Monsieur; elle a vue sur le jardin.
So much the better, I don't like to sleep in a front room.	Defto beffer. Ich schlafe nicht gern vorn heraus.	Tant mieux. Je n'aime point à me coucher sur le devant.

32. Fortsetzung.

What do you ask for the three rooms and the kitchen?	Was verlangen Sie für die drei Zimmer mit der Küche?	Que demandez-vous des trois chambres avec la cuisine?
You shall give me one guinea a week for the whole.	Sie sollen mir für das Ganze eine Guinee die Woche geben.	Vous payerez une guinée par semaine pour le tout.
I think it a great deal of money.	Das finde ich viel Geld.	Je pense que c'est beaucoup d'argent.
Consider that this is one of the best quarters of the town, where the houses are let very high.	Bedenken Sie, daß dies eins der besten Stadtviertel ist, wo die Häuser in ungeheurem Preise stehen.	Considérez que c'est ici un des plus beaux quartiers de la ville, où les maisons sont d'un prix exorbitant.
Well, I will give you one guinea.	Nun wohl; ich werde Ihnen eine Guinee geben.	Hé bien, je vous donnerai une guinée.
But I must have a part in the cellar, and a place to put coals and wood in.	Aber, ich brauche einen Theil des Kellers, und einen Ort, um Holz und Kohlen aufbewahren zu können.	Mais il me faut une partie de la cave, et un endroit pour mettre du bois et du charbon.
That is understood. You shall have a place with a lock and key to it.	Das versteht sich. Sie sollen einen verschließbaren Platz bekommen.	Cela est entendu. Vous aurez une place fermant à clef.

Wh? do you mean to take possession of your lodging?	Wann benken Sie von Ihrer Wohnung Besitz zu nehmen?	Quand comptez-vous prendre possession de votre logement?
I intend to come and sleep here to-night.	Ich benke biesen Abenb zum Schlafen her zu kommen.	Je compte venir coucher ici ce soir.
See that the rooms be ready betimes.	Machen Sie Alles bei guter Zeit zurecht.	Faites en sorte que tout soit prêt de bonneheure.
Very well, Sir. You may come as soon as you please.	Das genügt, mein Herr. Sie können so früh kommen, als es Ihnen gefällig ist.	Cela suffit, Monsieur. Vous pouvez venir aussitôt qu'il vous plaira.

83. Mit einem Tapezirer.

I should wish to look at some furniture.	Ich wünschte einige Möbel zu sehen.	Je voudrais bien voir quelques meubles.
Please to walk in, Sir. I think I can suit you.	Geben Sie sich die Mühe einzutreten, mein Herr. Ich glaube Sie befriebigen zu können.	Donnez-vous la peine d'entrer, Monsieur. Je crois pouvoir vous accommoder.
What sort of furniture do you wish to see?	Was für Möbel wünschen Sie zu sehen?	Quels meubles désirez-vous voir?
I want a book-case, if I can find a neat one.	Ich brauche einen Bücherschrank, wenn ich einen guten finden kann.	J'ai besoin d'une bibliothèque, si je puis en trouver une propre.
Here is a very good one.	Hier ist ein sehr schöner.	En voici une très belle.
I bought it yesterday at a sale.	Ich habe ihn gestern in einer Auction gekauft.	Je l'ai achetée hier à une vente.
It is of a very beautiful wood.	Er ist von herrlichem Holze.	Elle est d'un bois superbe.
I should like it well enough.	Er gefällt mir recht gut.	Elle me conviendrait assez.

How much do you ask for it?	Wie viel fordern Sie?	Combien en demandez-vous?
What do you think to sell it for?	Für wie viel denken Sie ihn zu verkaufen?	Combien comptez-vous la vendre?
The price is twelve guineas.	Der Preis ist zwölf Guineen.	Le prix est de douze guinées.
You cannot take less?	Können Sie ihn nicht wohlfeiler geben?	Vous ne pouvez pas la donner à moins?
I cannot, Sir. The lowest price is marked down upon every article in my shop.	Ich kann es nicht, mein Herr. Der niedrigste Preis ist auf jedem Artikel in meinem Laden angegeben.	Je ne le peux pas, Monsieur. Le plus bas prix est marqué sur chaque article dans ma boutique.
It is the best way.	Das ist die beste Art.	C'est la meilleure manière.

34. Fortsetzung.

Now I should wish to look at a chest of drawers.	Nun wünsche ich eine Kommode zu sehen.	Maintenant je désirerais voir une commode.
A double one, or a single one?	Eine große oder eine kleine?	Une double ou une simple?
Here are several with the price marked upon each.	Hier sind welche, auf denen der Preis bemerkt ist.	En voici plusieurs avec le prix marqué sur chacune.
I think I shall fix upon this.	Ich glaube, daß ich diese nehmen werde.	Je crois que je m'en tiendrai à celle-ci.
Now let me see your carpets.	Jetzt wünsche ich Ihre Teppiche zu sehen.	Maintenant voyons vos tapis.
What size do you want?	Welche Größe wünschen Sie?	Quelle grandeur désirez-vous?
Six yards by five.	Sechs Ellen lang und fünf breit.	Six mètres sur cinq.

Here are some of all sorts.	Hier sind welche von allen Arten.	En voici de toutes sortes.
Let us look at the price.	Laffen Sie uns nach dem Preise fehen.	Regardons le prix.
These come to a great deal of money.	Diese sind fehr theuer.	Ceux-ci montent à beaucoup d'argent.
These come very high.	Diese kommen fehr hoch.	Ceux-ci montent bien haut.
Here are some cheaper. But they are, of course, neither so handsome nor so good.	Hier sind wohlfeilere. Aber sie sind, wie Sie wohl denken können, weder so schön noch so gut.	En voici à meilleur marché. Mais ils ne sont, comme vous pensez bien, ni si beaux ni si bons.
I should like this well enough. But it comes to so much money.	Diefer würde mir gefallen. Aber er koftet zu viel Geld.	J'aimerais assez celui-ci. Mais il revient à tant d'argent.
No, Sir. You will think it very cheap, if you consider how large it is.	Nein, mein Herr. Sie werden ihn fehr wohlfeil finden, wenn Sie die Größe bedenken.	Non, Monsieur. Vous le trouverez à bon marché, si vous en considérez la grandeur.
Carpets are very expensive.	Die Teppiche sind ein fehr theurer Artikel.	Les tapis sont un article bien coûteux.
Should you like to look at secondhand ones?	Wünschen Sie gebrauchte zu haben?	Voudriez-vous en voir de hasard?
No. I take this.	Nein. Ich nehme diesen hier.	Non, je prendrai celui-ci.

35. Mit einem Schneider.

I have sent for you to measure me for a coat.	Ich habe Sie rufen laffen, um mir Maß zu einem Rock zu nehmen.	Je vous ai envoyé chercher pour me prendre la mesure d'un habit.

Will you take my measure for a coat?	Wollen Sie mir wohl Maß zu einem Rock nehmen?	Voulez-vous bien prendre ma mesure pour un habit?
How will you have it made?	Wie soll er gemacht seyn?	Comment voulez-vous qu'il soit fait?
Make it as they wear them now.	Machen Sie ihn, wie man sie jetzt trägt.	Faites-le moi comme on les porte actuellement.
You want also a waistcoat and pantaloons?	Sie wollen auch Weste und Beinkleider?	Voulez-vous aussi le gilet et le pantalon?
Yes. I bought the cloth to have a complete suit of clothes.	Ja. Ich habe mir Zeug zu einem vollständigen Anzuge gekauft.	Oui. J'ai acheté de l'étoffe pour me faire un habillement complet.
Very well, Sir. How do you wish to have your waistcoat made?	Das ist genug, mein Herr. Wie soll die Weste gemacht seyn?	Cela suffit, Monsieur. Comment voulez-vous que le gilet soit fait?
Make it after the present fashion.	Machen Sie sie nach der jetzigen Mode.	Faites-le à la mode.
Only let it not come down quite so low.	Sie darf nur nicht so weit herunter gehen.	Seulement qu'il ne descende pas tout-à-fait si bas.
What sort of buttons will you have?	Was für Knöpfe wünschen Sie?	Quelle sorte de boutons voulez-vous?
I will have them covered with the same stuff.	Ich will Knöpfe von dem nämlichen Zeuge.	Je veux des boutons de la même étoffe.
Very well.	Sehr wohl.	Fort bien.
Will you have your pantaloons come very high?	Wollen Sie, daß die Beinkleider sehr hoch herauf gehen?	Voulez-vous que le pantalon monte bien haut?
Neither too high nor too low.	Weder zu hoch noch zu tief.	Ni trop haut ni trop bas.
Let them come up so high.	Lassen Sie sie bis hierher gehen.	Faites-le monter jusqu'ici.

It is the fashion to wear them very low.	Man trägt sie jetzt sehr lang.	On les porte actuellement très bas.
Yes, but it is a ridiculous fashion.	Ja, doch es ist eine lächerliche Mode.	Oui, mais c'est une mode ridicule.
They shall be made exactly as you like.	Sie sollen nach Ihrem Geschmacke gemacht werden.	Il sera fait selon votre goût.
Remember that I must have this against next Sunday, without fail.	Denken Sie daran, daß ich dies unfehlbar zum Sonntag haben muß.	Souvenez-vous qu'il me faut cela pour dimanche sans faute.
You shall have it on Sunday morning.	Sie sollen es Sonntag Morgen erhalten.	Vous l'aurez dimanche au matin.

36. Fortsetzung.

Have you brought my coat?	Bringen Sie mir meinen Rock?	M'apportez-vous mon habit?
Yes, Sir. Here it is.	Ja, mein Herr. Hier ist er.	Oui, Monsieur. Le voici.
You are a man of your word.	Sie sind ein Mann von Wort.	Vous êtes un homme de parole.
Let me try it.	Lassen Sie mich ihn anprobiren.	Voyons que je l'essaie.
Let's see how it fits me.	Wir wollen sehen, wie er mich kleidet.	Voyons comment il me va.
You have made the sleeves too long and too wide.	Sie haben die Aermel zu lang und zu weit gemacht.	Vous avez fait les manches trop longues et trop larges.
Sir, they wear them very large now.	Mein Herr, man trägt sie jetzt sehr lang.	Monsieur, on les porte maintenant très grandes.
It is too close.	Er ist mir zu eng.	Il est trop juste.
It pinches me under the arms.	Er drückt mich unter den Achseln.	Il me serre sous les aisselles.

Is it not rather too long?	Iſt er nicht etwas lang?	N'est-il pas un peu long?
It seems to be a little too long.	Er kommt mir ein wenig zu lang vor.	Il me semble un peu trop long.
It sits in wrinkles between the shoulders.	Er wirft Falten zwiſchen den Schultern	Il fait des plis entre les épaules.
You cannot complain of this coat.	Sie können über dieſen Rock nicht klagen.	Vous ne pouvez pas vous plaindre de cet habit.
It fits you extremely well.	Er ſitzt Ihnen herrlich.	Il vous va parfaitement bien.
You never were better dressed in your life.	Sie ſind nie beſſer angezogen geweſen.	Vous n'avez jamais été mieux habillé.
You tailors never find fault with your own work.	Ihr Herren Schneider findet an eurer Arbeit nie etwas zu tadeln.	Vous autres tailleurs, vous ne trouvez jamais rien à redire à votre ouvrage.

37. Mit einem Schuſter.

Sir, I have brought your shoes.	Mein Herr, ich bringe Ihnen Ihre Schuhe.	Monsieur, je vous apporte vos souliers.
Let me see them.	Laſſen Sie ſehen.	Voyons.
Give me leave to try them on you.	Erlauben Sie, daß ich Sie Ihnen anprobire	Permettez que je vous les essaie.
I will try them on myself.	Ich will ſie ſelbſt anprobiren.	Je vais les essayer moi-même.
I cannot get my foot in.	Ich kann nicht mit dem Fuße hinein.	Je ne puis faire entrer mon pied dedans.
They are a great deal too straight.	Sie ſind viel zu eng.	Ils sont beaucoup trop étroits.
They hurt my toes.	Sie drücken mich an den Zehen.	Ils me blessent les orteils.
ou have made them too pointed.	Sie haben ſie zu ſpitzig gemacht.	Vous les avez faits trop pointus.

They pinch me.	Sie drücken mich.	Ils me font mal.
They will grow wide enough by wearing.	Sie dehnen sich aus, wenn sie getragen werden.	Ils s'élargiront de reste en les portant.
Yes. But I don't choose to be crippled, until they grow wider.	Ja. Aber ich will nicht lahm werden, bis sie sich ausdehnen.	Oui. Mais en attendant qu'ils s'élargissent je ne veux pas être estropié.
I cannot walk in them.	Ich kann nicht darin gehen.	Je ne saurais marcher avec.
You will not have worn them two days before they cease to hurt you.	Sie werden sie nicht zwei Tage getragen haben, und sie drücken nicht mehr.	Vous ne les aurez pas portés deux jours qu'ils ne vous blesseront plus.
I do not wish to get corns.	Ich mag keine Hühneraugen bekommen.	Je ne veux pas gagner des cors.
I wish to be easy in my shoes.	Ich will den Fuß frei bewegen können.	Je veux avoir le pied à mon aise.
The leather is bad.	Das Leder ist schlecht.	Le cuir est mauvais.
The upper leather is good for nothing.	Das Oberleder taugt nichts.	L'empeigne ne vaut rien.
The soles are too thin.	Die Sohlen sind zu dünn.	Les semelles sont trop minces.
The quarters are too low.	Die Quartiere sind zu niedrig.	Les quartiers sont trop cas.
The heels are a good deal too wide.	Hinten sind sie viel zu weit.	Les talons sont beaucoup trop larges.
I am sure these shoes were never made for me.	Die Schuhe sind ganz gewiß nicht für mich gemacht worden.	Ces souliers n'ont pas été faits pour moi, j'en suis sûr.
Take them back, and make me another pair as soon as possible.	Nehmen Sie sie wieder mit, und machen mir sobald als möglich ein Paar andere.	Remportez-les, et faites m'en une autre paire le plus tôt possible.

38. Mit einem Arzte.

Sir, I have taken the liberty to send for you.	Mein Herr, ich habe mir die Freiheit genommen, Sie rufen zu lassen.	Monsieur, j'ai pris la liberté de vous envoyer chercher.
I am afraid I need your assistance.	Ich fürchte, Ihres Beistandes zu bedürfen.	Je crains d'avoir besoin de votre assistance.
How do you find yourself at present?	Wie befinden Sie sich in diesem Augenblicke?	Comment vous trouvez-vous à présent?
I don't know. I find myself, I don't know how.	Ich weiß nicht. Ich befinde mich, ich weiß selbst nicht wie.	Je ne sais pas. Je me trouve tout je ne sais comment.
My head is giddy, and I can hardly stand on my legs.	Der Kopf ist mir eingenommen, und ich habe Mühe, mich auf den Beinen zu erhalten.	Je suis étourdi, et j'ai de la peine à me tenir sur mes jambes.
I am not at all well.	Mir ist durchaus nicht wohl.	Je ne suis pas bien du tout.
I feel myself very ill.	Ich fühle mich sehr krank.	Je me sens bien malade.
I am uncommonly weak.	Ich bin erstaunend schwach.	Je suis d'une faiblesse étonnante.
How long have you been ill?	Seit wann sind Sie krank?	Depuis quand êtes-vous malade?
How were you taken ill?	Wie hat es begonnen?	Comment cela a-t-il commencé?
It began the day before yesterday by a shivering.	Es überfiel mich vorgestern ein Frösteln.	Cela m'a pris avanthier par un frisson.
Then I perspired profusedly, and have been ill ever since.	Dann habe ich stark geschwitzt, und bin seitdem fortwährend unwohl.	Ensuite j'ai sué beaucoup, et j'ai toujours été malade.
Did you perceive a nausea?	Haben Sie Uebelkeiten gehabt?	Avez-vous senti des maux de cœur?

Yes, at first, but that went off, and I have had a terrible headache ever since.	Ja, im ersten Augenblick; aber es ist dann vergangen, und mir nur ein unerhörter Kopfschmerz geblieben.	Oui, dans le premier instant, mais cela s'est dissipé et il m'est resté un mal de tête épouvantable.
Where do you feel a pain now?	Wo fühlen Sie jetzt Schmerzen?	Où sentez-vous du mal actuellement?
My head aches terribly.	Ich habe heftiges Kopfwehe.	J'ai un mal de tête affreux.
I find myself sick, and sometimes am ready to reach.	Ich fühle Uebelkeit, und Neigung zum Erbrechen.	Je sens des maux de coeur et des envies de vomir.
I feel a pain in my stomach.	Ich habe Magenschmerzen.	Je sens du mal à l'estomac.
I have a sore throat.	Ich habe Halsweh.	J'ai mal à la gorge.
I feel a pain in my bowels.	Ich habe Leibschneiden.	Je sens des douleurs d'entrailles.
Do you feel a little appetite?	Haben Sie etwas Appetit?	Vous sentez-vous un peu d'appétit?
I have hardly eaten any thing these two days.	Ich habe seit zwei Tagen fast nichts gegessen.	Je n'ai presque rien mangé depuis deux jours.
Let me see your tongue.	Zeigen Sie mir die Zunge.	Montrez-moi votre langue.
Your tongue is foul.	Ihre Zunge ist belegt.	Vous avez la langue chargée.
Your stomach is loaded.	Sie haben Unreinigkeiten im Magen.	Il y a de l'humeur dans l'estomac.
You must take physic.	Sie werden einnehmen müssen.	Il vous faudra prendre médecine.

39. Fortsetzung.

Let me feel your pulse	Lassen Sie mich Ihren Puls fühlen.	Que je vous tâte le pouls.

Your pulse is a little elevated.	Ihr Puls geht etwas voll.	Votre pouls est un peu élevé.
You are a little feverish.	Sie haben etwas Fieber.	Vous avez un peu de fièvre.
Do you think my illnes dangerous?	Halten Sie meine Krankheit für gefährlich?	Croyez-vous ma maladie dangereuse?
No. But you must take care, lest it should become so.	Nein. Aber Sie müssen sich in Acht nehmen, daß sie es nicht wird.	Non. Mais il faut prendre garde qu'elle ne le devienne.
What am I to do?	Was soll ich thun?	Que faut-il que je fasse?
I will send you something to take, and see you again tomorrow morning.	Ich werde Ihnen etwas einzunehmen schicken, und Sie morgen früh wiedersehen.	Je vous enverrai quelque chose à prendre, et vous reverrai demain.
Must I do any thing besides?	Habe ich noch etwas Anders zu thun?	Ai-je autre chose à faire?
No, only take care to keep yourself warm.	Nein. Tragen Sie nur Sorge, sich warm zu halten.	Non. Ayez seulement soin de vous tenir chaudement.
Endeavour not do catch cold.	Geben Sie Acht, sich nicht zu erkälten.	Tâchez de ne point attraper de froid.
How have you passed the night?	Wie haben Sie die Nacht zugebracht?	Comment avez-vous passé la nuit?
I feel myself much better.	Ich fühle mich viel besser.	Je me sens beaucoup mieux.
I have not been so much agitated, and I slept a little.	Ich bin nicht so aufgeregt gewesen und habe etwas geschlafen.	Je n'ai pas été si agité et j'ai un peu dormi.
The fever is much abated.	Das Fieber ist viel schwächer.	La fièvre est beaucoup diminuée.
The fever is almost off.	Das Fieber ist beinah vorbei.	La fièvre est presque tombée.

Do you feel any pain more in your side?	Fühlen Sie noch Seitenstechen?	Sentez-vous encore du mal au côté?
Much less than I did. I am a good deal easier.	Viel weniger. Ich fühle mich sehr erleichtert.	Beaucoup moins. Je suis beaucoup soulagé:
I can promise you that it will have no bad consequences.	Ich kann Ihnen versprechen, daß es nichts Ernstliches seyn wird.	Je puis vous promettre que ce ne sera rien de sérieux.
In two or three days you will be quite well.	In zwei oder drei Tagen werden Sie wieder hergestellt seyn.	Dans deux ou trois jours vous serez rétabli.

40. Mit einer Wäscherin.

Are you the laundress that has been recommended to me?	Sind Sie die Wäscherin, welche mir empfohlen worden ist?	Étes-vous la blanchisseuse qu'on m'a recommandée?
I have some linen to wash.	Ich habe Wäsche zu waschen.	J'ai du linge à laver.
Wash it carefully.	Waschen Sie dieselbe sorgfältig.	Lavez-le avec soin.
I shall have more the next time.	Das nächste Mal werde ich mehr haben.	J'en aurai plus la prochaine fois.
When will you bring it back?	Wann bringen Sie mir dieselbe wieder?	Quand me le rapporterez-vous?
I will count over my linen.	Ich will meine Wäsche zählen.	Je vais compter mon linge.
This is the bill of the linen to be washed.	Dies ist der Waschzettel.	Voici la note du linge à blanchir.
See whether it is correct.	Sehen Sie nach, ob es richtig ist.	Voyez si le compte y est.
No, sir, there is a waistcoat missing.	Nein, mein Herr, eine Weste fehlt.	Non, Monsieur, il y manque un gilet.

17

It lies on the chair.	Da liegt sie auf dem Stuhl.	Le voilà sur la chaise.
You must bring back the bill with you.	Sie müssen den Waschzettel wieder mitbringen.	Il faudra que vous rapportiez cette note.
There are two things wanting.	Es fehlen mir zwei Stück.	Il me manque deux pièces.
This handkerchief does not belong to me.	Dieses Tuch gehört mir nicht.	Ce mouchoir ne m'appartient pas.
It is not my mark.	Das ist nicht mein Zeichen.	Ce n'est pas là ma marque.
These folds are not well done.	Diese Falten sind schlecht gemacht.	Ces plis sont mal faits.
This is badly ironed.	Das ist schlecht gebügelt.	Ceci est mal repassé.
That is not well washed.	Das ist nicht schön weiß.	Cela n'est pas bien blanchi.
This collar is not stiff enough.	Dieser Kragen ist nicht steif genug.	Ce collet n'est pas assez empesé.
This is very nicely washed.	Das ist sehr sauber gewaschen.	Cela est très bien blanchi.
You may come again next week.	Kommen Sie nächste Woche wieder.	Vous reviendrez la semaine prochaine.

41. Miethen eines Bedienten.

I have heard yo want a servant.	Ich habe gehört, Sie brauchen einen Bedienten.	J'ai entendu dire que monsieur a besoin d'un domestique.
Yes; who has sent you to me?	Ja; wer hat Sie zu mir gewiesen?	Oui; qui vous a adressé à moi?
By whom are you recommended?	Von wem sind Sie empfohlen?	Par qui êtes-vous recommandé?

By Mr. R. with whom I have travelled.	Von Herrn R., mit dem ich auf Reisen war.	Par Mr, R. avec qui j'ai voyagé.
I know him very well.	Ich kenne ihn sehr gut.	Je le connais beaucoup.
On his recommendation I shall not hesitate to take you into my service.	Auf seine Empfehlung werde ich nicht anstehen, Sie in Dienst zu nehmen.	Sur sa recommandation je n'hésiterai pas à vous prendre à mon service.
I suppose you possess the qualities I want.	Ich hoffe, Sie besitzen die mir wünschenswerthen Eigenschaften.	J'imagine que vous réunissez les qualités que je désire.
Have you travelled already?	Waren Sie mit auf Reisen?	Avez-vous déjà voyagé?
Yes, sir, I have travelled in Italy.	Ja, mein Herr, ich war in Italien.	Oui, Monsieur, j'ai voyagé en Italie.
Will you accompany me to Switzerland?	Wollen Sie mit nach der Schweiz?	Voulez-vous me suivre en Suisse?
I shall be a month on the road.	Ich werde einen Monat unterwegs seyn.	Je serai un mois en route.
Have you performed that journey before?	Haben Sie die Reise dahin schon gemacht?	Avez-vous déjà fait ce - voyage?
How old are you?	Wie alt sind Sie?	Quel âge avez-vous?
Are you a married man?	Sind Sie verheirathet?	Êtes-vous marié?
Can you take care of a horse?	Verstehen Sie, ein Pferd zu besorgen?	Savez-vous soigner un cheval?
Can you write?	Können Sie schreiben?	Savez-vous écrire?
Yes, sir.	Ja, mein Herr.	Oui, Monsieur.
I also understand German and Italian.	Ich verstehe deutsch und italienisch.	J'entends l'allemand et l'italien.
You may be useful to me.	Sie können mir nützlich werden.	Vous pouvez m'être utile.
What wages do you ask?	Wie viel Lohn verlangen Sie?	Quels gages demandez-vous?

I have always had five hundred francs a year, and my board.	Ich habe immer fünf hundert Franks jährlich und freie Kost bekommen.	J'ai toujours eu cinq cents francs par an et ma nourriture.
I will give you the same.	Ich will Ihnen dasselbe geben.	Je vous donnerai la même somme.

42. Miethen eines Mädchens.

I have heard you want a servant.	Es ist mir gesagt worden, Sie brauchten ein Mädchen.	On m'a dit que vous aviez besoin d'une domestique.
Yes; by whom are you recommended?	Ja; von wem sind Sie empfohlen?	Oui; par qui êtes-vous recommandée?
By Mrs. B.	Von Madam B.	Par madame B.
Have you been long in service?	Haben Sie schon lange gedient?	Y a-t-il longtemps que vous êtes en condition?
What is the last place you were at?	Wo haben Sie zuletzt in Dienst gestanden?	Quelle est la dernière place où vous avez servi?
Do you understand cookery?	Verstehen Sie das Kochen?	Savez-vous faire la cuisine?
Do you understand needlework?	Verstehen Sie sich auf die Näherei?	Savez-vous travailler à l'aiguille?
Do you like children?	Geben Sie sich mit Kindern gern ab?	Aimez-vous les enfants?
Have you been in many families?	Haben Sie in mehrern Familien gedient?	Avez-vous servi dans plusieurs maisons?
Whose house have you left?	Von wem gehen Sie jetzt ab?	De chez qui sortez-vous?
Why did you leave your place?	Warum haben Sie die Stelle verlassen?	Pourquoi avez-vous quitté cette place?
How long did you remain with that lady?	Wie lange sind Sie bei der Dame gewesen?	Combien de temps avez-vous demeuré chez cette dame?

Will Mr. B. give you a character?	Wird Madam B. Sie empfehlen?	Mad. B. voudra-t-elle vous recommander?
I have written character from her.	Ich habe ein gutes Zeugniß schriftlich von ihr.	J'ai d'elle un certificat de bonne conduite.
Let me see it.	Zeigen Sie mir es.	Montrez-le moi.
What wages dou you ask?	Wie viel Lohn verlangen Sie?	Combien demandez - vous de gages?
Mrs. G. gave me three hundred francs.	Madam G. hat mir drei hundert Francs gegeben.	Mad. G. me donnait trois cents francs.
I think you will suit me.	Ich glaube, Sie werden mir recht seyn.	Je crois que vous me conviendrez.
You may come to - morrow.	Sie können morgen eintreten.	Vous pouvez venir demain.

43. Mit einem Buchhändler.

Have you any new books?	Haben Sie neue Bücher?	Avez-vous des livres nouveaux?
I should like to see the books you have received lately.	Ich möchte mir die Neuigkeiten ansehen, die Sie kürzlich erhielten.	Je voudrais bien voir les ouvrages, que vous avez reçus depuis peu.
With great pleasure, sir.	Sehr gern, mein Herr.	Très volontiers, Mons.
Are these all new books?	Sind das lauter neue Bücher?	Tous ces livres-là sont-ils nouveaux?
Some are new, some are old publications.	Es sind neue und alte.	Il y en a de nouveaux et d'anciens.
These are just published.	Diese sind erst erschienen.	Ceux-ci viennent d'être publiés.
What kind of books would you wish to have?	Welche Gattung Schriften wünschen Sie?	Quelle espèce de livres souhaitez-vous?

I am looking for books of poetry.	Ich suche Gedichte.	Je cherche des livres de poésie.
Have you the Buffon that I asked you for?	Haben Sie den Buffon, den ich verlangt habe?	Avez-vous le Buffon que je vous ai demandé?
I have only the octodecimo edition.	Ich habe bloß die Ausgabe in achtzehn.	Je n'ai que l'édition in dix-huit.
It is embellished with coloured plates.	Sie ist mit kolorirten Abbildungen ausgestattet.	Elle est enrichie de figures enluminées.
The size pleases me.	Das Format gefällt mir.	Le format me plaît assez.
It is only in boards; I wish to have it bound.	Das Werk ist nur cartonirt; ich möchte es gebunden haben.	L'ouvrage n'est que cartonné, je le voudrais relié.
What sort of binding do you wish for?	Welchen Einband wollen Sie?	Quelle sorte de reliure désirez-vous?
Will you have it in calf or in sheep?	Soll es in Kalbleder oder in Schafleder gebunden werden?	Voulez-vous qu'il soit en veau ou en basane?
I will have it bound in calf with fillets.	Ich will es in Kalbleder mit Vergoldung.	Je veux qu'il soit relié en veau avec des filets.
I wish to have the edges gilt, marbled.	Ich wünsche den Schnitt vergoldet, marmorirt.	Je voudrais que les tranches fussent dorées, marbrées.
How do you wish to have the others?	Wie wünschen Sie die andern?	Comment désirez-vous les autres?
I shall take them in sheets.	Ich werde sie roh nehmen.	Je les prendrai en feuilles.

44. Fortsetzung.

| Do you want any thing else? | Haben Sie noch etwas nöthig? | Avez-vous encore besoin de quelque chose? |

I should wish to have a copy of Johnson's dictionary.	Ich möchte ein Exemplar von Johnson's Wörterbuch haben.	Je voudrais avoir un exemplaire du dictionnaire de Johnson.
I have one copy by me which is in very good condition.	Ich habe ein sehr gut gehaltenes Exemplar.	J'en ai un exemplaire très bien conservé.
I prefer to have it new.	Ich will lieber ein neues haben.	Je préfère en avoir un neuf.
It is impossible; for the book is out of print.	Das ist nicht möglich, denn die Auflage ist vergriffen.	Cela est impossible; car l'édition est épuisée.
What do you ask for it?	Was verlangen Sie dafür?	Combien en voulez-vous?
I will let you have it for two Guineas.	Ich will es für zwei Guineen ablassen.	Je vous le passerai à deux guinées.
It is more than it cost new.	Das ist mehr als es neu gekostet hat.	C'est plus qu'il n'a coûté neuf.
It grows so scarce that the price advances every day.	Es wird so selten, daß der Preis täglich steigt.	Il devient si rare, que le prix augmente de jour en jour.
You cannot take less?	Sie wollen nicht weniger nehmen?	Vous n'en voulez pas moins?
You cannot let me have it for less?	Sie können mir es nicht billiger lassen?	Vous ne pouvez pas me le donner à moins?
No, upon my word, I hardly get any thing by it.	Nein, auf mein Wort, ich verdiene fast nichts daran.	Non, en conscience, je n'y gagne presque rien.
This copy is certainly a very cheap bargain.	Das Exemplar ist gewiß ein guter Kauf.	Cet exemplaire est assurément bon marché.
Put it by, and send it down with the other books, in the course of the day.	Legen Sie es zurück und schicken mir es mit den andern Büchern im Laufe des Tages zu.	Mettez-le de côté et envoyez-le moi avec les autres livres dans le courant de la journée.

45. Von der Abreise.

Have you any commis--sion for London?	Haben Sie Bestellungen nach London?	Avez-vous quelque commission pour Londres?
What! are you going to London?	Wie! reisen Sie nach London?	Quoi! Est-ce que vous allez à Londres?
Yes. Is there any thing I can do for you?	Ja. Kann ich daselbst etwas für Sie thun?	Oui. Y a-t-il quelque chose que je puisse faire pour vous?
You are very obliging.	Sie sind sehr gütig.	Vous êtes très obligeant.
When do you think of going?	Wann denken Sie ab= zureisen?	Quand comptez - vous partir?
I set out to-morrow morning.	Ich reise morgen früh ab.	Je pars demain matin.
Do you go by the stage?	Reisen Sie mit dem Postwagen?	Allez-vous par la diligence?
No. I have ordered a post-chaise.	Nein. Ich habe mir Extrapost bestellt.	Non. J'ai commandé une chaise de poste.
How long do you mean to stay there?	Wie lange denken Sie dort zu bleiben?	Combien de temps comptez-vous y rester?
How soon will you come back?	Wann werden Sie zu= rück seyn?	Quand serez-vous de retour?
I think of staying four or five days.	Ich denke vier oder fünf Tage zu bleiben.	Je compte rester quatre ou cinq jours.
But I am afraid I shall be detained longer.	Aber ich fürchte länger aufgehalten zu werden.	Mais j'ai peur d'être retenu plus longtemps.
It is most likeley.	Das ist sehr möglich.	Cela est très probable.
Therefore it is better to reckon' upon a longer stay.	Deshalb ist es besser, auf einen längern Aufent= halt zu rechnen.	C'est pourquoi il vaut mieux compter sur un plus long séjour.
If I can be af any use to you there, let me know.	Wenn ich Ihnen daselbst nützlich seyn kann, sagen Sie es mir.	Si je puis vous y être utile, dites-le moi.

If there is any thing that I can do for you, I shall be very happy to do it.	Wenn ich daselbst etwas für Sie besorgen kann, so werde ich es mit Vergnügen übernehmen.	S'il y a quelque chose que je puisse faire pour vous, je m'en chargerai avec plaisir.
I shall avail myself of your kind offer, and call upon you in the course of the evening.	Ich werde von Ihrem gütigen Anerbieten Gebrauch machen, und diesen Abend zu Ihnen kommen.	Je profiterai de votre offre obligeante, et je passerai chez vous dans la soirée.
You are sure to find me at home.	Sie können überzeugt seyn, mich zu Haus zu finden.	Vous êtes sûr de me trouver à la maison.

46. Von einem Gasthofe.

Do you know of a good inn?	Kennen Sie einen guten Gasthof?	Connaissez-vous une bonne hôtellerie?
Can you direct me to a good inn?	Können Sie mir ein gutes Gasthaus nachweisen?	Pouvez-vous m'enseigner une bonne auberge?
Tell me, if you please, which is the best inn?	Sagen Sie mir gütigst, welches ist der beste Gasthof?	Dites-moi, je vous prie, quel est le meilleur hôtel?
There are several very good ones.	Es sind mehrere vortreffliche hier.	Il y en a plusieurs qui sont fort bons.
Do me the favour to direct me to the best.	Haben Sie die Güte, mir den besten zu nennen.	Ayez la bonté de m'indiquer le meilleur.
You may go to the hotel d'Angleterre with safety.	Sie können ganz sicher nach dem Hotel d'Angleterre gehen.	Vous pouvez aller à l'hôtel d'Angleterre en toute sûreté.
You will have good accommodation there.	Sie werden dort sehr zufrieden seyn.	Vous y serez très bien.
In what street is it?	In welcher Straße ist es?	Dans quelle rue est-ce?

I will take you thither, if you like.	Wenn Sie es wünschen, will ich Sie hinführen.	Si vous souhaitez, je vais vous y conduire.
Do, I will give you something to drink.	Führen Sie mich. Ich werde Ihnen ein Trinkgeld geben.	Conduisez-y moi. Je vous donnerai pour boire.
Gentlemen, here is an inn of a pretty good appearance.	Meine Herren, hier ist ein Gasthof von ganz gutem Aussehen.	Messieurs, voici une auberge qui a assez bonne mine.
Shall we alight there?	Wollen wir hier einkehren?	Descendrons-nous ici?
Let us go in. We only risk to pass a bad night.	Lassen Sie uns eintreten. Wir können nichts wagen, als eine schlechte Nacht zuzubringen.	Entrons. Nous ne pouvons risquer que de passer une mauvaise nuit.
Can we sup at your house?	Kann man bei Ihnen etwas zum Abendessen bekommen?	Peut-on avoir à souper chez vous?
Have you any spare rooms?	Haben Sie noch Zimmer frei?	Avez-vous des chambres de libres?
Can we sleep here?	Können wir hier schlafen?	Pouvons-nous coucher ici?
Can you accommodate us with beds to-night?	Können Sie uns ein Nachtlager geben?	Pouvez-vous nous donner à coucher pour cette nuit?
Yes, Gentlemen, you will find fine rooms and good beds here.	Ja, meine Herren; Sie finden hier schöne Zimmer und gute Betten.	Oui, Messieurs; vous trouverez ici de belles chambres et de bons lits.
Above all, do make a good fire, for we are benumbed with cold.	Machen Sie uns vor allen Dingen ein gutes Feuer, denn wir sind erstarrt vor Kälte.	Avant tout, faites-nous bon feu, car nous sommes transis de froid.

47. Mit einem Gastwirthe.

Gentlemen, what do you wish to have for your supper?	Meine Herren, was wünschen Sie zum Abendessen?	Messieurs, que souhaitez-vous pour votre souper?
What have you got to give us?	Was haben Sie uns zu geben?	Qu'avez-vous à nous donner?
I have a leg of mutton, a duckpie, and some cold fowls.	Ich habe eine Hammelkeule, eine Entenpastete und kaltes Geflügel.	J'ai un gigot de mouton, un pâté de canards et des volailles froides.
Or, if you prefer it, I will order some pigeons to be roasted.	Oder, wenn Sie es lieber essen, will ich Tauben an den Spieß stecken lassen.	Ou si vous l'aimez mieux, je vais faire mettre de pigeons à la broche.
Choose what you like best.	Wählen Sie, was Sie am liebsten wollen.	Choisissez ce que vous aimez le mieux.
My choice will be that of the company.	Mein Geschmack ist der der übrigen Gesellschaft.	Mon goût sera celui de la compagnie.
I have no other wish than that of the company.	Ich habe keinen andern Geschmack, als den der Gesellschaft.	Je n'ai point d'autre goût que celui de la compagnie.
Well then, bring in a good cold fowl, and the duckpie.	Nun wohl, so bringen Sie uns gutes kaltes Geflügel und die Entenpastete.	Hé bien, apportez-nous une bonne volaille froide et le pâté de canards.
Above all, let us have some of your best wine.	Vor Allem geben Sie uns von Ihrem besten Weine.	Surtout, donnez-nous de votre meilleur vin.
Do you want any thing else?	Wollen Sie nichts weiter?	Ne voulez-vous rien autre chose?

| No. Only let us have our supper quickly, for we want to rest ourselves. | Rein. Nur beforgen Sie uns das Abendeffen bald, denn wir bedürfen der Ruhe. | Non. Seulement faites-nous souper prompte-ment, car nous avons besoin de reposer. |
| You shall be served in a minute. | Sie sollen das Effen in einer Minute erhalten. | Vous allez être servis cette minute. |

48. Fortfetzung.

Are our rooms ready?	Sind unsere Zimmer bereit?	Nos chambres sont-elles prêtes?
Are the beds made?	Sind die Betten ge-macht?	Les lits sont-ils faits?
I am going to bed, and I will endeavour to sleep.	Ich will zu Bette gehen und zu schlafen ver-suchen.	Je vais me coucher, et tâcher de dormir.
I advise you to do the same.	Ich rathe Ihnen, das Nämliche zu thun.	Je vous conseille d'en faire autant.
Waiter, remember that we want to set out exactly at six o' clock.	Kellner, denken Sie da-ran, daß wir mit dem Schlage sechs Uhr abreisen wollen.	Garçon, souvenez-vous que nous voulons partir à six heures précises.
I shall take care to come and awake you.	Ich werde Sie auf-wecken.	J'aurai soin de venir vous éveiller.
Where is your master, that we may settle with him?	Wo ist Ihr Herr, da-mit wir die Rechnung mit ihm machen?	Où est votre maître, que nous comptions avec lui?
He is just coming.	Hier kommt er.	Le voici qui vient.
How much do we owe you?	Wie viel sind wir Ih-nen schuldig?	Combien vous devons-nous?
Have you made up your bill?	Haben Sie unsere Rech-nung gemacht?	Avez-vous fait notre compte?

How much does our expense come to?	Wie viel beträgt unsere Rechnung?	A combien se monte notre dépense?
How much are we in your debt?	Wie viel bekommen Sie von uns?	De combien vous sommes-nous redevables?
There is so much for your supper and beds, and so much for your horses.	Soviel für Quartier und Abendessen, und so viel für Ihre Pferde.	Il y a tant pour votre souper et votre coucher, et tant pour vos chevaux.
It is a good deal, but we must submit to it.	Das ist viel, aber man muß darüber weg.	C'est beaucoup, mais il faut en passer par là.

49. Auf der Reise.

Are you going to Paris?	Gehen Sie nach Paris?	Allez-vous à Paris?
Do you go all the way to Paris?	Gehen Sie bis nach Paris?	Allez-vous jusqu'à Paris?
I do, Sir.	Ja, mein Herr.	Oui, Monsieur.
Then I shall have the pleasure of your company, for I am going thither myself.	Ich werde also das Vergnügen Ihrer Gesellschaft haben, denn ich reise auch dahin.	J'aurai donc le plaisir de votre compagnie, car j'y vais aussi.
I am very glad of it.	Ich bin sehr erfreut darüber.	J'en suis charmé.
Company makes a journey less tedious.	Gesellschaft läßt den Weg weniger lang finden.	La compagnie fait trouver la route moins longue.
It is very disagreeable to travel by one's self.	Es ist sehr unangenehm, ganz allein zu reisen.	Il est bien désagréable de voyager tout seul.
But in company one speaks, one talks, and time flies away without being perceived.	Aber wenn man in Gesellschaft ist, spricht man, unterhält sich, und die Zeit vergeht, ohne daß man es bemerkt.	Mais quand on est en compagnie, on parle, on cause, et le temps se passe sans qu'on s'en aperçoive.

How far do they reckon from hence to Paris?	Wie weit rechnet man von hier bis Paris?	Combien compte-t-on d'ici à Paris?
They call it seventy leagues, but they are short.	Man rechnet siebenzig Stunden, aber sie sind kurz.	On compte soixante-dix lieues, mais elles sont courtes.
I have heard that there are thirty-seven posts.	Ich hörte, daß es sieben und dreißig Posten wären.	J'ai entendu dire qu'il y a trente-sept postes.
It is true. But the number of posts never agrees with that of leagues.	Das ist wahr; aber die Zahl der Posten stimmt nie mit der der Meilen überein.	Cela est vrai. Mais le nombre des postes ne se rapporte jamais avec celui des lieues.
When do you think we shall reach Paris?	Wann glauben Sie, daß wir in Paris ankommen werden?	Quand pensez-vous que nous arriverons à Paris?
I hope we shall arrive to-morrow.	Ich hoffe, daß wir morgen ankommen.	J'espère que nous arriverons demain.
But it may be pretty late, for the roads are very bad.	Aber es könnte etwas spät werden, denn die Wege sind sehr schlecht.	Mais il pourra être un peu tard, car les chemins sont bien mauvais.
The roads are very indifferent.	Die Wege sind nicht sehr gut.	Les chemins ne sont pas très bons.
The rain has spoiled all the roads.	Der Regen hat alle Wege verdorben.	La pluie a gâté toutes les rues.

50. Schluß.

Did you ever travel this way before?	Haben Sie diesen Weg schon gemacht?	Avez-vous déjà fait cette route?
Many times.	Mehre Male.	Plusieurs fois.
I know the road perfectly.	Ich kenne den Weg vollkommen.	Je connais parfaitement la route.
Where is the first stage?	Wo ist die erste Station?	Où est le premier relais?

Where do they change horses?	Wo werden die Pferde gewechselt?	Où change-t-on de chevaux?
Shall we not pass through . . .?	Kommen wir nicht über . . .?	Ne passerons-nous pas par . . .?
No, Sir. We leave it on the left.	Nein, mein Herr. Es bleibt links liegen.	Non, Monsieur. On le laisse à gauche.
But we shall pass through . . ., where they stop to change horses.	Aber wir kommen über . . ., wo angehalten wird, um die Pferde zu wechseln.	Mais nous passerons par . . ., où l'on s'arrête pour changer de chevaux.
At what place shall we sleep?	Wo schlafen wir?	Où coucherons-nous?
We shall sleep at . . ., from whence there are only sixteen posts to Paris.	Wir bleiben in . . ., von wo wir nur noch sechszehn Posten bis Paris haben.	Nous allons coucher à . . . d'où nous n'aurons que seize postes pour arriver à Paris.
Then we shall be more then half way.	Wir sind also schon über die Hälfte des Weges.	Nous serons donc déjà plus d'à moitié chemin.
Yes; but then there are many hills, and the roads are generally very bad.	Ja, aber es sind auch viele Hügel, und die Wege sind durchaus sehr schlecht.	Oui, mais aussi il y a bien des collines et les chemins sont généralement très mauvais.
Why then do they prefer this road to the other?	Weshalb zieht man diese Straße der andern vor?	Pourquoi donc préfère-t-on cette route-ci à l'autre?
It is because they save two posts.	Weil man hier zwei Posten gewinnt.	C'est qu'on y gagne deux postes.
That is not to be slighted; for travelling is very expensive.	Das ist nicht zu verachten; denn das Reisen kostet viel.	Cela n'est pas à mépriser; car il en coûte beaucoup pour voyager.

I wish I had arrived already.	Ich wünschte, ich wäre schon angekommen.	Je voudrais déjà être arrivé.
I can easily believe you.	Ich glaube es Ihnen gern.	Je vous crois sans peine.
But let us have patience.	Aber wir müssen Geduld haben.	Mais prenons patience.
A few hours more, and we shall be at our journey's end.	Noch einige Stunden und wir sind am Ende unserer Reise.	Encore quelques heures, et nous serons au bout de notre voyage.

Zweiter Theil.

19

Erste Abtheilung.

Leichte Sätze.

1.

Do you know him? | Kennen Sie ihn?
He does not know me. | Er kennt mich nicht.
I see her every day. | Ich sehe sie alle Tage.
She knows you very well. | Sie kennt Sie sehr genau.
I do not understand you. | Ich verstehe Sie nicht.
He will not give it her. | Er wird es ihr nicht geben.
I will take it with me. | Ich will es mitnehmen.
Take it, and give it to him, or to her. | Nehmen Sie es, und geben Sie es ihm oder ihr.
Do his parents know where he is? | Wissen seine Eltern, wo er ist?
His mother knows where he is, but his father does not. | Seine Mutter weiß, wo er ist, aber sein Vater weiß es nicht.
I know him who has done it. | Ich kenne den, der es gethan hat.
I will tell you what I think of him. | Ich will Ihnen sagen, was ich von ihm denke.

We are acquainted.	Wir kennen uns.
We do not know one another.	Wir kennen uns nicht.
I have the honour to be known to her.	Ich habe die Ehre, von ihr gekannt zu sein
Give John the book.	Geben Sie Johann das Buch.
Send the letter to Thomas.	Schicken Sie Thomas den Brief.
Hand me the newspaper.	Reichen Sie mir die Zeitung.
I will give it you presently.	Ich will sie Ihnen sogleich geben.
What are you talking of?	Wovon reden Sie?
I speak of those who have seen it.	Ich spreche von denjenigen, die es gesehen haben.
They who have not seen it, will not believe it.	Diejenigen, welche es nicht gesehen haben, wollen es nicht glauben.
Is that the man you were speaking of?	Ist das der Mann, von dem Sie sprachen?
Whom does he speak to?	Mit wem spricht er?
I do not know whom you mean.	Ich weiß nicht, wen Sie meinen.
To whom will you lend it?	Wem wollen Sie es leihen?
Whom do you wish me to call?	Wen wünschen Sie, daß ich rufen soll?
Of whom did you buy it?	Von wem haben Sie es gekauft?
From whom have you received it?	Von wem haben Sie es erhalten?
Whom do you take me for?	Für wen halten Sie mich?
Who do you think I am?	Wer, glauben Sie, daß ich bin?

2.

Here is a book of yours.	Hier ist eines von Ihren Büchern.
Will he not read the book?	Will er das Buch nicht lesen?
What are you doing?	Was thut Ihr?
Do not walk so fast.	Gehen Sie nicht so geschwind.
We are writing our exercises.	Wir schreiben unsere Aufgaben.
I have learned my lesson.	Ich habe meine Lektion gelernt.
Cut me a little bread.	Schneiden Sie mir ein wenig Brod.

Now I have eaten enough.	Jetzt habe ich genug gegessen.
I will drink a glass of wine.	Ich will ein Glas Wein trinken.
Will you take a glass, too?	Wollen Sie auch ein Glas trinken?
I cannot eat any more.	Ich kann nichts mehr essen.
You speak too low.	Sie sprechen zu leise.
Speak a little louder.	Sprechen Sie ein wenig lauter.
Will you sell your watch?	Wollen Sie Ihre Uhr verkaufen?
I will exchange my watch.	Ich will meine Uhr vertauschen.
You must be more diligent in future.	Sie müssen künftig fleißiger sein.
We take two lessons a week.	Wir nehmen zwei Stunden wöchentlich.
A friend of mine has arrived.	Einer meiner Freunde ist angekommen.
I will come down directly.	Ich werde sogleich hinunterkommen.
He never shuts the door when he comes in.	Er macht nie die Thüre zu, wenn er hereinkommt.
I presume he did not rightly understand you.	Ich vermuthe, er hat Sie nicht recht verstanden.
Does he wish to speak to me?	Wünscht er, mit mir zu sprechen?
He will probably not come this week.	Er wird wahrscheinlich diese Woche nicht kommen.

3.

Are you going to the play to-night?	Gehen Sie heute Abend ins Schauspiel?
At what time do you go to the compting-house?	Um welche Zeit gehen Sie auf das Comptoir?
What o' clock do you say it is?	Wie viel Uhr sagen Sie, daß es ist?
I know what you are thinking of.	Ich weiß, woran Sie denken.
I know him by sight.	Ich kenne ihn von Ansehen.
How far is it from here to Paris?	Wie weit ist es von hier nach Paris?

I tell you, Sir, that I cannot do it.	Ich sage Ihnen, mein Herr, daß ich es nicht thun kann.
Shall I do it for you?	Soll ich es für Sie thun?
How long ago is it?	Wie lange ist es her?
Does the gentleman not know you?	Kennt der Herr Sie nicht?
How many children has Mr. B.?	Wie viele Kinder hat Herr B.?
He will not hold his tongue.	Er will nicht schweigen.
He told us the whole story.	Er erzählte uns die ganze Geschichte.
Do not tell him that I am here.	Sagen Sie ihm nicht, daß ich hier bin.
Do you think it will rain to-day?	Glauben Sie, daß es heute regnen wird?
You may believe what I tell you.	Sie können glauben, was ich Ihnen sage.
Do not write with that pen.	Schreiben Sie nicht mit dieser Feder.
Shall I give you another?	Soll ich Ihnen eine andere geben?
You will be nowhere so happy as here.	Ihr werdet nirgends so glücklich sein als hier.
Can you not go quietly home?	Können Sie nicht ruhig heim gehen?
My pen is far better than yours.	Meine Feder ist weit besser, als die Ihrige.
I wish you all a good night.	Ich wünsche Ihnen allen eine gute Nacht.

4.

What did he say?	Was hat er gesagt?
I said nothing.	Ich habe nichts gesagt.
I heard so.	Ich habe es sagen hören.
I have been told so.	Man hat es mir gesagt.
From whom did you hear that?	Von wem haben Sie es sagen hören?
I cannot tell.	Ich weiß nicht.
There is no believing what he says.	Man kann nicht glauben, was er sagt.

He is not to be believed.

Man kann ihm nicht glauben.

What do you mean by that?

Was wollen Sie damit sagen?

What is the meaning of that?

Was will das sagen?

He knows it only by hearsay.

Er weiß es nur vom Hörensagen.

Do you think so?

Meinen Sie das?

That I will readily admit.

Das gebe ich gerne zu.

God grant it may be true.

Gott gebe, daß es wahr sei.

How old is he?

Wie alt ist er?

How old do you take him to be?

Wie alt glauben Sie, daß er sei?

I remember it.

Ich erinnere mich dessen.

I will remind you of it.

Ich will Sie daran erinnern.

I cannot recollect it.

Ich kann mich dessen nicht erinnern.

Let me alone.

Lassen Sie mich zufrieden.

Let it alone.

Lassen Sie es bleiben.

Was he out of humour?

War er übler Laune?

One seldom finds him in a good humour.

Man findet ihn selten bei guter Laune.

That is nothing to us.

Das geht uns nichts an.

We could not help laughing.

Wir konnten uns des Lachens nicht enthalten.

He burst out a laughing.

Er brach in ein lautes Gelächter aus.

Who would have thought so!

Wer hätte das gedacht!

What did you please to say?

Wie beliebt?

I delivered the letter into his own hands.

Ich habe ihm den Brief eigenhändig übergeben.

I shall return this day fortnight.

Heute über vierzehn Tage komme ich wieder.

I will call for you.

Ich werde Sie abholen.

5.

Will you come along with me?

Gehen Sie mit?

Have you a sore finger?

Haben Sie einen bösen Finger?

Are you short of money?	Sind Sie nicht bei Kasse?
It will come to nothing.	Es wird nichts daraus werden.
Hold the spoon in your right hand.	Halten Sie den Löffel in der rechten Hand.
Get your book, and read something to me.	Nehmen Sie Ihr Buch, und lesen Sie mir etwas vor.
Your pen has no ink in it.	Es ist keine Dinte in Ihrer Feder.
How do you pronounce this word?	Wie sprechen Sie dieses Wort aus?
What do you call this machine?	Wie nennen Sie diese Maschine?
What is this called in English?	Wie wird das auf Englisch genannt?
Do I not speak plain?	Spreche ich nicht deutlich?
Do not spill the milk.	Verschütten Sie die Milch nicht.
Put on your hat.	Setzen Sie Ihren Hut auf.
Why do you take off your coat?	Warum ziehen Sie Ihren Rock aus?
Is he putting on his shoes?	Zieht er seine Schuhe an?
No, he is pulling off his stockings.	Nein, er zieht seine Strümpfe aus.
Do you know your lesson by heart?	Wissen Sie Ihre Lektion auswendig?
Will you please to hear me my lesson?	Wollen Sie mich gefälligst überhören?
What is your master's name?	Wie heißt Ihr Lehrer?
Have you a great deal of practice in speaking?	Haben Sie viel Uebung im Sprechen?
None of my acquaintance speaks so good English as you.	Keiner meiner Bekanntschaft spricht so gut Englisch, wie Sie.
Do you write it as well as you speak it?	Schreiben Sie es so gut, wie Sie es sprechen?
I will read a few pages, before I go out.	Ich will einige Seiten lesen, ehe ich ausgehe.

6.

How does your uncle do?	Wie befindet sich Ihr Herr Onkel?
He is very well.	Er befindet sich sehr wohl.

Do not make a noise.	Machen Sie kein Geräusch.
Have you not brought an umbrella with you?	Haben Sie keinen Regenschirm mitgebracht?
Let us go down stairs.	Lassen Sie uns hinuntergehen.
I am going up stairs.	Ich gehe hinauf.
Who is above?	Wer ist oben?
They are all below.	Sie sind alle unten.
Whose carriage is that?	Wessen Wagen ist das?
When will you come and see me?	Wann werden Sie mich besuchen?
Where are you? Here I am.	Wo sind Sie? Hier bin ich.
What is it you?	Wie? Sind Sie es?
Did you see any one at the door?	Haben Sie Jemanden vor der Thür gesehen?
Was it you, who said so?	Sind Sie es, der es gesagt hat?
It was not I, who detained him.	Ich war es nicht, der ihn aufhielt.
Does he know, that it was we?	Weiß er, daß wir es waren?
He went to see him.	Er besuchte ihn.
Where did you get acquainted with him?	Wie haben Sie ihn kennen gelernt?
Do not be uneasy about it.	Seien Sie darüber nicht besorgt.
He looks very pale.	Er sieht sehr blaß aus.
We must not complain of it.	Wir dürfen uns nicht darüber beklagen.
He pays us a visit every day.	Er stattet uns alle Tage einen Besuch ab.
Let us speak low, lest we should wake the children.	Wir wollen leise sprechen, damit wir die Kinder nicht aufwecken.
You must take the will for the deed.	Sie müssen mit dem guten Willen fürlieb nehmen.

7.

Is he a native of Rome, or Florence?	Ist er aus Rom oder Florenz gebürtig?

20

Do you go to church every sunday?	Gehen Sie jeden Sonntag zur Kirche?
Have you a sore eye?	Haben Sie ein schlimmes Auge?
My eye does not pain me any longer.	Mein Auge schmerzt mich nun nicht mehr.
We go into the country three times a week.	Wir gehen dreimal die Woche auf's Land.
You must come in good time, else you will find every place taken.	Sie müssen frühzeitig kommen, sonst werden Sie alle Plätze besetzt finden.
This hollow tooth of mine aches very much.	Mir thut dieser hohle Zahn sehr weh.
He has great pain in his legs.	Ihn schmerzen die Beine sehr.
Make haste and write your letters.	Schreiben Sie Ihre Briefe geschwind.
Were you at church last sunday?	Waren Sie vorigen Sonntag in der Kirche?
I shall be with you again in less than a month.	In weniger als einem Monat bin ich wieder bei Ihnen.
Will you not be two years away?	Werden Sie nicht zwei Jahre wegbleiben?
This lady wears a ring on each finger.	Diese Dame trägt einen Ring an jedem Finger.
Yesterday was my mother's birthday.	Gestern war der Geburtstag meiner Mutter.
Tell the gentleman, that we will wait for him here.	Sagen Sie dem Herrn, daß wir ihn hier erwarten werden.
Did you ever see so pretty a thing?	Haben Sie je ein so hübsches Ding gesehen?
That is the only consolation I can give you.	Das ist der einzige Trost, den ich Ihnen geben kann.
He had no knowledge at all of the affair.	Er hatte gar keine Kenntniß von der Sache.
You may see all these curiosities for nothing.	Sie können alle diese Merkwürdigkeiten umsonst sehen.

Such a disease is the forerunner of death.	Eine solche Krankheit ist der Vorbote des Todes.
Master Sanders is dangerously ill.	Der kleine Sanders ist gefährlich krank.
Mr. Nelson has sprained his foot.	Herr Nelson hat sich den Fuß verstaucht.

8.

My sister plays on the piano-forte.	Meine Schwester spielt das Fortepiano.
The dog has barked all night.	Der Hund hat die ganze Nacht gebellt.
What are you going to do now?	Was wollen Sie jetzt thun?
I am now going to write my exercise.	Ich will jetzt meine Aufgabe schreiben.
Sophia says it is I, but I know it is she.	Sophie sagt, daß ich es sei; allein ich weiß, daß sie es ist.
Some one has broken the looking-glass; was it you?	Jemand hat den Spiegel zerbrochen; sind Sie es gewesen?
I am glad you have changed your mind.	Es ist mir lieb, daß Sie sich besonnen haben.
Are these the houses you have built? Yes, they are.	Sind dies die Häuser, die Sie haben bauen lassen? Ja.
You write English better than I do.	Sie schreiben besser Englisch als ich.
May I go out? Yes, you may; but come back directly.	Darf ich ausgehen? Ja; aber kommen Sie bald wieder.
If the weather is fine to-morrow, I will go to my sister-in-law's.	Wenn es morgen schönes Wetter ist, will ich zu meiner Schwägerin gehen.
Go to my brother; he is walking up and down the garden.	Gehen Sie zu meinem Bruder; er spaziert im Garten herum.
A friend of mine, who is a neighbour of you, has bought a house of his.	Einer meiner Freunde, der ein Nachbar von Ihnen ist, hat eins seiner Häuser gekauft.

If it is neither his, nor her book, it must be mine, or yours.

If I walz ever so little, I become giddy immediately.

Wenn es weder sein noch ihr Buch ist, so muß es meines oder Eures sein.

Wenn ich noch so wenig walze, werde ich gleich schwindelig.

9.

Do you think of going thither the day after to-morrow? Yes, I do.

Were you going to sit down to dinner, when he came in? Yes, we were.

Did your nephew get a prize in the lottery? Yes, he did.

Has she brought her knitting with her? Yes, she has.

Ladies, are you the companions of miss Render? Yes, we are.

Would you give him fifty pounds for it, if he would take it? Yes, I would.

Is your father at home? Yes, he is.

Are the children to go with us to the concert? No, they are not.

Did the king open the parliament in person? No, he did not.

You will break your neck, if you go on the ice. No, I shall not.

I shall be twenty years old tomorrow. Will you?

The children behaved well. Did they?

Denken Sie übermorgen dahin zu gehen? Ja.

Wollten Sie sich zu Tische setzen, als er hereintrat? Ja.

Hat Ihr Neffe einen Gewinn in der Lotterie gehabt? Ja.

Hat sie ihr Strickzeug mitgebracht? Ja.

Meine Damen, sind Sie die Gefährtinnen der Fräulein Render? Ja.

Wollten Sie ihm fünfzig Pfund dafür geben, wenn er es nehmen wollte? Ja.

Ist Ihr Herr Vater zu Hause? Ja.

Sollen die Kinder mit ins Concert gehen? Nein.

Hat der König selbst das Parlament eröffnet? Nein.

Sie werden den Hals brechen, wenn Sie auf's Eis gehen. Nein.

Ich werde morgen zwanzig Jahr alt. Ja?

Die Kinder haben sich gut aufgeführt. Ja?

I have just been at the taylor's. Have you?

Ich bin so eben beim Schneider gewesen. Ja?

He is always talking of his horses and dogs. Is he?

Er spricht beständig von seinen Pferden und Hunden. Ja?

I never speak to him on such subjects. Do you not?

Ich spreche nie über solche Gegenstände mit ihm. Nicht?

There was not a single foreigner at court. Was there not?

Es war nicht ein einziger Fremder am Hofe. Nicht?

This is your uncle's garden; is it not?

Dieses ist der Garten Ihres Onkels; nicht wahr?

I can keep your horse a week; can I not?

Ich kann Ihr Pferd acht Tage behalten; nicht wahr?

The children are gone to church; are they not?

Die Kinder sind schon in die Kirche gegangen; nicht wahr?

Positive accounts have been received of the defeat of the enemy. Indeed?

Man hat bestimmte Nachrichten von der Niederlage des Feindes erhalten. So?

Zweite Abtheilung.

Eigenthümliche Redensarten.

1.

A, ein.

I never saw such a man.	So einen Mann sah ich nie.
I never heard of such a trick.	Nie habe ich von einem solchen Streiche gehört.
She is such a good woman, as is seldom found.	Sie ist eine so gute Frau, wie man selten findet.
So noble an action deserved not such a vile return.	Eine so edle Handlung verdiente solch eine niedrige Erwiderung nicht.
You give five shillings a week for your lodging.	Sie geben wöchentlich fünf Schillinge für Ihre Wohnung.
I paid six shillings a yard for the muslin and a guinea an ell for the lace.	Ich zahlte sechs Schillinge für die Yard Muslin, und eine Guinee für die Elle Spitzen.
I have a mind to call on Mr. Brown.	Ich habe Lust, bei Herrn Brown vorzusprechen.
Will you buy a house and garden?	Wollen Sie ein Haus und einen Garten kaufen?
What a man he is!	Was er für ein Mann ist!
What an excellent use did they make of their fortune!	Welch einen vortrefflichen Gebrauch machten sie von ihrem Vermögen!

What house is that?	Was ist das für ein Haus?
What book have you there?	Was für ein Buch haben Sie da?
Many a bolder man than I would tremble at it.	Manch kühnerer Mann, als ich, würde dabei zittern.
Many a time have I seen him.	Ich habe ihn oftmals gesehen.
Never was a poor devil so plagued as I.	Nie war ein armer Teufel so geplagt, als ich.
Never was such a noise about a trifle.	Nie wurde solch ein Lärm um eine Kleinigkeit gemacht.
Don't make such a bustle about it.	Machen Sie doch nicht so ein Aufhebens davon.
He made such a piece of work!	Er machte so viel Umstände!
A pretty piece of work truly you have made!	Ein schönes Stückchen Arbeit, das Sie da gemacht haben!
He fell a sleep.	Er schlief ein.
You fall a laughing at news, which would make another fall a crying.	Sie lachen bei einer Neuigkeit, wobei Andere weinen würden.
Let us go a hunting.	Lassen Sie uns auf die Jagd gehen.
A few at a time.	Wenige auf einmal.
A great many people.	Eine große Menge Volks.
A hundred a year.	Ein hundert Pf. Sterling jährlich.
Give me half a guinea.	Geben Sie mir eine halbe Guinee.
Lend me half a crown.	Leihen Sie mir einen halben Kronthaler.
I have a five-guinea-piece.	Ich habe ein Fünf-Guineestück.
A five and a three-penny-piece.	Ein Fünf- und ein Drei-Pfennigstück.
A silverthree-pence.	Ein silbernes Drei-Pfennigstück.
A silver-penny.	Ein Silberpfennig.
You know not what hard piece of work it was.	Sie wissen nicht, welch eine saure Arbeit das war.
He sets too high a price on his protection.	Er setzt einen zu hohen Preis auf seine Gunst.

2.
Above, mehr als, über, vor.

He lodges a story above me.	Er wohnt ein Stockwerk über mir.
She sat above her mother at table.	Sie saß am Tische über ihrer Mutter.
All good comes from above.	Alles Gute kommt von Oben.
Above a thousand years.	Ueber tausend Jahr.
He is above taking bribes.	Er ist über alle Bestechung erhaben.
Without vanity, for I am above that.	Ohne Eitelkeit, denn darüber bin ich weg.
He received a present above his fee.	Er bekam ein Geschenk außer seinem Lohn.
He got above all his rivals.	Er trug es über alle seine Nebenbuhler davon.
He prized his honor above his life.	Er schätzte seine Ehre höher als sein Leben.
She distinguished him above all her admirers.	Sie zeichnete ihn unter allen ihren Bewunderern aus.
Above my comprehension.	Ueber meine Begriffe.
I detest lying, above all things.	Ich verabscheue das Lügen über Alles.
Above all, don't forget me.	Vor allen Dingen vergessen Sie mich nicht
As above mentioned.	Wie oben erwähnt.
In the passage above cited.	In der oben angeführten Stelle.
She is above twenty.	Sie ist über zwanzig.
Let all be fair and above board.	Laß alles treu und offen zugehen.
He is still above ground.	Er ist noch am Leben.
The eagle soars above the clouds.	Der Adler schwebt über den Wolken.

3.
About, um, herum, ungefähr, im Begriff.

In the towns about London.	In den Städten um London.

I walked yesterday about the town.	Geftern machte ich einen Spazier= gang um die Stadt.
It is ten miles about.	Es ift zehn Meilen um.
His courtiers stood about him, when he received the ambassadors.	Seine Hofleute ftanden um ihn, als er die Gefandten empfing.
If you don't look about you, you will fall.	Wenn Sie nicht um fich fehen, fo werden Sie fallen.
We will take a turn about the town.	Wir wollen einen Gang um die Stadt machen.
He is lurking somewhere about the country.	Er ift irgendwo in der Gegend ver= fteckt.
They cry oysters about the streets.	Man ruft in den Straßen Auftern aus.
By missing the road, we went at least seven miles about.	Weil wir den Weg verfehlten, mach= ten wir wenigftens einen Umweg von fieben Meilen.
The farthest way about, is the nearest way home.	Ein weiter Umweg führt oft am nächften zum Zweck.
The tree is seven feet about.	Der Baum hat fieben Fuß im Um= fange.
That is very far (a long way) about.	Das ift ein fehr großer Umweg.
He always has his wits about him.	Er behält immer feine Faffung.
I have no money about me.	Ich habe kein Geld bei mir.
I was there about a year ago.	Ich war ungefähr vor einem Jahre da.
She died about a year before her husband.	Sie ftarb ungefähr ein Jahr früher als ihr Mann.
He arrived about nine o'clock.	Er kam gegen neun Uhr an.
The garden is about a mile long.	Der Garten ift etwa eine Meile lang.
The army consisted of about ten thousand men.	Die Armee beftand etwa aus zehn= taufend Mann.
About the close of the evening.	Gegen Einbruch der Nacht.

It is mentioned about the end of the first book.

Es ist zu Ende des ersten Buchs angeführt.

Pray, speak to him bout that business.

Bitte, sprechen Sie doch über diese Sache mit ihm.

The dispute was about politics.

Der Streit war wegen politischer Begebenheiten.

There are various opinions about it.

Darüber gibt's verschiedene Meinungen.

You are long about your work.

Es währt lange mit Ihrer Arbeit.

I wish, he would go about his business.

Ich wollte, daß er seiner Wege ginge.

The armies were about to engage.

Die Armeen waren im Begriff anzugreifen.

I am about to go away.

Ich bin im Begriff, wegzugehen.

He is about building a house.

Er ist Willens, ein Haus zu bauen.

They were about a great work.

Sie waren mit einer großen Arbeit beschäftigt.

Let me know about it.

Lassen Sie mich darum wissen.

What shall I go about first?

Woran soll ich zuerst gehen?

Can you tell me, how it came about?

Können Sie mir sagen, wie es zugegangen ist?

Why do all these things lie about?

Warum liegen alle diese Dinge herum?

Let's drink about.

Laßt uns herumtrinken.

The world is come about.

Die Welt hat sich umgedreht.

He put the ship about.

Er drehte das Schiff um.

The wind is come about.

Der Wind hat sich umgesetzt.

4.

Abroad, draußen, auswärts, abwesend.

'T is very cold abroad to-day.

Es ist heute sehr kalt draußen.

shall not stir abroad.

Ich werde nicht aus dem Hause gehen.

She is gone abroad to-day for the first time since her illness.	Sie ist heute zum erstenmal seit ihrer Krankheit ausgegangen.
He goes abroad next year.	Er geht nächstes Jahr auf Reisen.
He has lived abroad all his life.	Er hat sein ganzes Leben in der Fremde zugebracht.
During his reign, the nation was happy at home and respected abroad.	Während seiner Regierung war die Nation glücklich im Innern und geachtet vom Auslande.
Such a report goes abroad.	So ein Gerücht hat sich verbreitet.
If that should get abroad.	Wenn das bekannt werden sollte.
England exports great quantities of goods abroad.	England führt eine große Menge Waaren nach der Fremde aus.
They received large supplies from abroad.	Sie erhielten große Zufuhr von auswärts.

5.

According to, zufolge, gemäß, je nachdem.

One should act according to nature and reason.	Man sollte der Natur und der Vernunft gemäß handeln.
According to his own confession.	Nach seinem eigenen Geständniß.
He lives according to his own fancy.	Er lebt nach seiner eigenen Phantasie.
He governs according to the laws.	Er regiert den Gesetzen gemäß.
According to the treaty.	Zufolge des Vertrags.
Speak according to truth.	Sprechen Sie der Wahrheit gemäß.
I shall buy more or less according to the quality.	Ich werde mehr oder weniger kaufen, je nachdem die Beschaffenheit ist.
I shall treat him according as he shall deserve.	Ich werde ihn so behandeln, wie er es verdient.
He treats them well or ill according as he is in the humour.	Er behandelt sie gut oder schlecht, je nachdem er die Laune hat.

We must dress according as fashion and custom prescribe.	Wir müſſen uns ſo kleiden, wie die Mode und der Gebrauch es vorſchreibt.

6.

After, nach, hinter, nachher, nachdem.

The first sunday after Easter.	Der erſte Sonntag nach Oſtern.
Who comes after you?	Wer kommt nach Ihnen?
He came to me day after day.	Er kam einen Tag nach dem andern zu mir.
After the french fashion.	Nach der franzöſiſchen Mode.
After the example of their forefathers.	Nach dem Beiſpiele ihrer Vorfahren.
He walked after her.	Er ging hinter ihr.
Some days after.	Einige Tage darauf.
Presently after.	Bald darauf.
A short time after.	Kurz nachher.
After having viewed the house and garden.	Nachdem er Haus und Garten beſehen hatte.
After being confined to his bed six months.	Nachdem er ſechs Monate hatte im Bette bleiben müſſen.
After I have performed such a journey.	Nachdem ich eine ſolche Reiſe gemacht habe.

7.

Again, nochmals, wiederum, ferner, auf's neue.

His garden is as big again as yours.	Sein Garten iſt noch einmal ſo groß als der Eurige.
He is as tall again as you.	Er iſt noch einmal ſo groß als Sie.
Read this passage again.	Leſen Sie die Stelle noch einmal.
I have found my ring again.	Ich habe meinen Ring wieder gefunden.
will never look so well again.	Es wird nie wieder ſo gut ausſehen.

If I catch you at your tricks again.	Wenn ich Sie noch einmal auf Ihren Streichen ertappe.
Tell it over again.	Erzählen Sie es noch einmal.
Can you pay again, what he has done for you?	Können Sie das wieder vergelten, was er für Sie gethan hat?
You will never see him again.	Sie werden ihn nie wiedersehen.
Give me two guineas back again.	Geben Sie mir noch zwei Guineen heraus.
It begins to lighten again.	Es fängt wieder an zu blitzen.
I shall soon come again.	Ich werde bald wiederkommen.
She is well again.	Sie ist wieder wohl.
I only desire you to love me again.	Ich wünsche blos, daß Sie mich wieder lieb haben mögen.
He was warned again and again.	Er war einmal über das andere gewarnt.
It is as much again as is necessary.	Es ist noch einmal so viel, als nöthig ist.
What is just is honest and, again, what is honest must be just.	Was recht ist, ist auch ehrlich, und wiederum, was ehrlich ist, muß auch recht sein.

8.

Against, wider, entgegen, gegen.

I cannot act against his will.	Ich kann nicht gegen seinen Willen handeln.
It was against my advice.	Es war gegen meinen Rath.
He that is not with us, is against us.	Wer nicht mit uns ist, der ist gegen uns.
He swam against the stream.	Er schwamm gegen den Strom.
We were guarded against all accidents.	Wir waren gegen alle Unfälle verwahrt.

He defended her against all her enemies.	Er vertheidigte sie gegen alle ihre Feinde.
She was against writing that letter.	Sie war gegen das Schreiben dieses Briefes.
He ran against a post.	Er rannte gegen den Pfeiler.
I have insured my house against fire.	Ich habe mein Haus gegen Feuersgefahr versichert.
Put it against the wall.	Setze es gegen die Wand.
Let us keep it against the end of the summer.	Lassen Sie es uns bis gegen Ende des Sommers behalten.
It will be finished against the latter end of the week.	Es wird gegen die letzten Tage der Woche beendigt seyn.
I am against war.	Ich bin gegen den Krieg.
Against we return.	Gegen die Zeit unserer Zurückkunft.
The pictures hang against the wall.	Die Gemälde hängen an der Wand.
She lives over against us.	Sie wohnt uns gegenüber.
They marched against the enemy.	Sie zogen gegen den Feind.
We did it against the grain.	Wir thaten es wider Willen.
Much was said for and against it.	Es wurde viel dafür und dagegen gesagt.

9.
Ago, vor, vorbei, vorher.

Some weeks ago.	Vor einigen Wochen.
He left off trade long ago.	Er hat schon lange den Handel aufgegeben.
A little while ago.	Vor kurzem.
How long ago is it?	Wie lange ist es her?
It is long ago.	Es ist lange her.
I arrived here a year ago.	Ich kam hier vor einem Jahre an.
That happened a long time ago.	Das trug sich vor langer Zeit zu.

10.

All, ganz, All.

He plays all the day.	Er spielt den ganzen Tag.
All the world thinks so.	Die ganze Welt denkt so.
All men must die.	Alle Menschen müssen sterben.
I shall do it with all speed.	Ich werde es in aller Eile thun.
That was all my care.	Das war meine ganze Sorge.
You must come by all means.	Sie müssen auf jeden Fall kommen.
I would by no means go.	Ich möchte durchaus nicht gehen.
She has it all her own way.	Sie hat Alles nach ihrem Gefallen.
He went upon all fours.	Er ging auf allen Vieren.
When all comes to all.	Wenn es zum Aeußersten kommt.
That is the end of all.	Das ist das Ende von Allem.
That's all one to me.	Das ist mir alles einerlei.
That's all the better for me.	Das ist desto besser für mich.
That's all the same.	Das ist alles einerlei.
My all was at stake.	Mein Alles stand auf dem Spiele.
They all laughed at once.	Sie lachten alle zusammen.
All at once he rang the bell.	Auf einmal schellte er.
It was not at all true.	Es war ganz und gar nicht wahr.
I don't approve of it at all.	Ich billige es ganz und gar nicht.
Just now I am busiest of all.	Gerade jetzt bin ich am allerbeschäftigsten.
Once for all let me hear no more of this scheme.	Ein für allemal lassen Sie mich nichts mehr davon hören.
Come back in all haste.	Kommen Sie ganz geschwind zurück.
You leave me none at all.	Sie lassen mir gar keinen.
I will give you nothing at all.	Ich will Ihnen gar nichts geben.
He is all in all with her.	Er ist Alles in Allem bei ihr.
For all the world I would not consent to it.	Um Alles in der Welt möchte ich nicht darein willigen.

It is just for all the world as if he were a fool.	Es ift gerade, als wenn er närrifch wäre.
Read it all over.	Lefen Sie es ganz über.
He is all for himself.	Er benkt nur an fich.
I don't understand one word of all.	Ich verftehe nicht ein einziges Wort bavon.
All the city is in an uproar.	Die ganze Stadt ift in Aufruhr.
Without all doubt.	Ohne allen Zweifel.

11.

Alone, allein.

We were quite alone.	Wir waren ganz allein.
This alone can save me.	Dieß allein kann mich retten.
Pray, let me alone.	Bitte, laffen Sie mich zufrieden.
You had better let it alone.	Es wäre beffer, wenn Sie es bleiben ließen.
It is you alone, that can help me.	Sie allein können mir helfen.
Leave me alone.	Laffen Sie mich allein.
Will you let my books alone.	Wollen Sie meine Bücher liegen laffen.
Let him alone for making the bargain.	Laffen Sie ihn nur den Handel machen.
It were better let alone than done.	Es wäre beffer, wenn das unterbliebe.

12.

Along, entlang, längft, fort, mit.

The fleet sailed along the coast.	Die Flotte fegelte die Küfte entlang.
Trees are planted all along the banks of the river.	Dem Ufer ganz entlang find Bäume gepflanzt.

I will go along with you.	Ich will mit Ihnen gehen.
He lay all along on the floor.	Er lag der Länge nach auf der Erde.
As we were riding along the road.	Als wir so auf dem Wege hin ritten.
Will you go along with me?	Wollen Sie mit mir gehen?
Come along.	Komm.
Get along with you!	Geht eurer Wege!
Take these things along with you.	Nehmen Sie diese Sache mit sich.

13.

Amiss, unrecht, übel, unschicklich.

If I have done amiss, I repent.	Wenn ich unrecht gethan habe, so bereue ich es.
If you take a walk, it cannot be amiss.	Wenn Sie einen Spaziergang machen, das kann nicht übel seyn.
It would not be amiss to inform her.	Es würde nicht unschicklich seyn, sie zu benachrichtigen.
You cannot do amiss, if you follow his example.	Sie können nicht unrecht thun, wenn Sie seinem Beispiele folgen.
It would not be amiss to be on your guard.	Es würde nicht unrecht seyn, wenn Sie sich in Acht nähmen.
I thought it not amiss to give her a hint of it.	Ich hielt es für nicht unrecht, ihr einen Wink zu geben.
Nothing comes amiss to him.	Ihm ist Alles einerlei.
Nothing comes amiss to a hungry stomach.	Ein hungriger Magen nimmt mit Allem vorlieb.
Those patterns are not amiss.	Diese Proben sind nicht übel.
He took it greatly amiss.	Er nahm das sehr übel.
Pray, don't take it amiss.	Bitte, nehmen Sie es nicht übel.
If any thing should go amiss.	Wenn etwas schief gehen sollte.

14

Among, Amongst, zwischen, unter.

There are good people among all classes.	Unter allen Klassen gibt's gute Leute.
Amongst them were many quite innocent.	Viele unter ihnen waren ganz unschuldig.
Among other arguments.	Unter andern Beweisen.
I have rummaged among the papers.	Ich habe unter den Papieren herumgesucht.
'Tis in vain to seek it among mine.	Es ist vergebens, unter meinen nachzusuchen.
Amongst them all I know only one.	Unter ihnen allen kenne ich nur Einen.
Choose one from among mine.	Suchen Sie eins von meinen aus.
How shall we find among such a heap of rubbish?	Wie sollen wir das unter einem solchen Wust finden?

15.

Any, irgend, etwas, jedweder, einerlei.

I shall accept any thing.	Ich werde Alles annehmen.
He denied having any farther orders.	Er läugnet, andere Aufträge zu haben.
If you put me of any longer.	Wenn Sie mich noch länger hinhalten.
Have you any more to say?	Haben Sie noch etwas zu sagen?
I did not ask him any questions.	Ich that gar keine Fragen an ihn.
I would not live here upon any account.	Ich möchte um keinen Preis hier wohnen.
In (at) any place.	An irgend einem Orte.
Any where.	Irgendwo.
Any body can tell you.	Jedermann kann Ihnen sagen.
Do any thing you please.	Thun Sie, was Sie wollen.

Come at any time. | Kommen Sie zu irgend einer Zeit.

Any water may serve for that. | Alles Waſſer wird dazu gut ſeyn.

Is any body within? | Iſt jemand darin?

Without any reason. | Ohne allen Grund.

Shall you stay there any time? | Werden Sie einige Zeit da bleiben?

Are you any thing the better for it? | Sind Sie deshalb um etwas beſſer daran?

He is as drunk as any thing. | Er iſt ſo betrunken, als man es nur ſeyn kann.

Never did any one see the like. | Nie hat man etwas Aehnliches geſehen.

If you won't go there, go any where else. | Wenn Sie da nicht hingehen wollen, ſo gehen Sie anderswo hin.

If you don't like that, you may choose any thing else. | Wenn Sie das nicht leiden mögen, ſo können Sie etwas anders wählen.

There is not any treating with rebels. | Mit Rebellen muß man nicht unterhandeln.

Any thing of a Gentleman would scorn to act so. | Wer irgend ein anſtändiger Menſch ſeyn will, würde ſich ſchämen, ſo zu handeln.

If at any time I should be so happy. | Wenn ich irgend einmal ſo glücklich ſeyn ſollte.

Do it any how. | Thun Sie es, wie Sie Luſt haben.

At any rate. | Auf jeden Fall

I shall take any thing that offers. | Ich werde nehmen, was ſich hier anbietet.

16.

As, wie, gleichwie, als, da, wenn.

They have as much wit and civility as our ladies. | Sie haben eben ſo viel Witz und Artigkeit, als unſere Damen.

She offered him a thousand pounds as her ransom. — Sie bot ihm tausend Pfund als Lösegeld.

As we were going along. — Wie wir hingingen.

This was unnecessary, as their conduct was bad. — Dies war unnöthig, da ihr Betragen schlecht war.

He is as good as his word. — Er hält sein Wort.

As to what my friend said. — Was das betrifft, was mein Freund sagte.

As to the fate of your son. — Was das Schicksal Ihres Sohnes betrifft.

Do as you please. — Thun Sie, was Ihnen beliebt.

They did not do their duty as they ought. — Sie thaten Ihre Pflicht nicht so, wie sie sollten.

I repeat the story as I received it. — Ich erzählte die Geschichte, wie ich sie bekommen habe.

He is with me as a footman. — Er ist als Lakei bei mir.

As occasion shall serve. — So wie die Gelegenheit sich darbieten wird.

He is as a father to me. — Er handelt wie ein Vater an mir.

As I hope to be saved! — So wie ich hoffe, selig zu werden!

As I am an honest man! — So wahr ich ein ehrlicher Mann bin!

As sure as I am alive! — So wahr ich lebe!

As rich as he is, he is yet always in want. — So reich er auch ist, so ist er doch immer in Verlegenheit.

As well as I love you, don't think I will do it. — So sehr ich Sie auch liebe, so denken Sie doch nicht, daß ich es thun werde.

Do it as you love me. — Thun Sie es, wenn Sie mich lieb haben.

As you value your life, be gone. — Wenn Ihnen Ihr Leben lieb ist, so gehen Sie.

I have not so much as heard of it. — Ich habe nicht einmal davon gehört.

Such as have time.	Diejenigen, welche Zeit haben.
Be that as it may.	Dem sey, wie ihm wolle.
I was so curious as to ask him.	Ich war so neugierig, ihn zu fragen.
Are you so deceived as to trust him still?	Sind Sie so verblendet, daß Sie ihm noch trauen?
As I conjecture.	Wie ich muthmaße.
I have as yet seen but a part of the town.	Bis jetzt habe ich nur einen Theil der Stadt gesehen.
As to me I left them.	Was mich betrifft, ich verließ sie.
All such as were chosen.	Alle diejenigen, die gewählt waren.
Such as it is, you are welcome to it.	So wie es ist, steht es Ihnen zu Dienst.
Use me as if I were your brother.	Sehen Sie mich so an, als wenn ich Ihr Bruder wäre.
Do just as if you were at home.	Thun Sie gerade, als ob Sie zu Hause wären.
They seemed as if they were confounded.	Sie schienen gewissermaßen bestürzt.
As much (little) as you please.	So viel (so wenig), als Ihnen beliebt.
As for example (instance).	Als zum Beispiel.

17.

As, in, zu, über, auf, von, vor, an ꝛc.

He was born at (in) London.	Er war zu London geboren.
I shall be at home.	Ich werde zu Hause seyn.
He was at your house.	Er war bei Ihnen.
While we were at table.	Während wir zu Tische waren.
At supper, dinner etc.	Beim Abendessen, beim Mittagessen ꝛc.
I spoke to him at church.	Ich sprach ihn in der Kirche.
You may do it at your leisure.	Sie können es thun, wenn Sie Muße haben.

Who is at the door?	Wer ist an der Thür?
At that moment he came.	Er kam in demselben Augenblick.
At first I took him for you.	Zuerst hielt ich ihn für Sie.
What are you at?	Was machen Sie?
The battle was fought at S.	Die Schlacht ist bei S. vorgefallen.
You will be laughed at.	Sie werden ausgelacht werden.
How can you be angry at (with) me?	Wie können Sie mir böse seyn?
If my honour did not lie at stake, I would do it.	Wenn meine Ehre nicht dabei in's Spiel käme, so würde ich es thun.
The horse goes at a great rate.	Das Pferd hat einen starken Schritt.
He is at cards.	Er ist beim Spiel.
At last. — At least.	Endlich. — Wenigstens.
At a word.	Mit einem Wort.
At length.	Ausführlich, zuletzt.
At pleasure.	Nach Belieben.
At all events.	Auf alle Fälle.
At night.	Abends, bei Nacht.
They are angry at it.	Sie sind böse darüber.
She was standing at the window.	Sie stand am Fenster.
I have bought the watch at second hand.	Ich habe die Uhr aus der zweiten Hand gekauft.
At first sight.	Beim ersten Anblick.
At it again!	Gehe noch einmal daran!
I cannot do it at once.	Ich kann es nicht auf Einmal thun.
To be at a stand.	Anstehen, verlegen seyn.
I am at a stand (loss) what to answer.	Ich weiß nicht, was ich ihr antworten soll.

18.
Away, weg, fort.

Do go away!	Gehen Sie doch weg!
Away! get you gone!	Weg! packen Sie sich fort!

I cannot get away from him.	Ich kann mich nicht von ihm los machen.
They all ran away.	Sie liefen alle fort.
He scolded us away.	Er hat uns fortgezankt.
At last he made away with himself.	Endlich brachte er sich selbst um.
He shall not go away with it.	Er soll nicht so davon kommen.
I cannot away with it.	Ich kann es nicht leiden.

19.
Back, zurück, hinterwärts.

He went back to his lodging.	Er ging nach seiner Wohnung zurück.
When will you come back?	Wann werden Sie wiederkommen?
He fell on his back.	Er fiel rücklings (auf den Rücken),
He turned his back to me and went away.	Er kehrte mir den Rücken und ging fort.
The enemy turned his back.	Der Feind floh (kehrte den Rücken).
The fellow has a strong back.	Der Bursche kann viel vertragen.
He lives in the back part of the house.	Er wohnt im Hinterhause.
Give it him back again.	Gib es ihm wieder zurück.
That enterprise broke his back.	Die Unternehmung hat ihn zu Grunde gerichtet.
The back-door leads to the garden.	Die Hinterthür führt nach dem Garten.
You must give me something back.	Sie müssen mir etwas herausgeben.

20.
Because, weil, wegen.

I don't like him, because he's a fool,	Ich mag ihn nicht leiden, weil er ein Narr ist.

It is, because I am angry.	Deswegen, weil ich böse bin.
I do it, because I like.	Ich thue es, weil es mir gefällt.
I shall go thither because of you?	Ich werde Ihretwegen dahin gehen?
Is it because of me?	Ist es meinetwegen?
Because of him.	Seinetwegen.

21.

Before, *vor*, *eher*, *vorher*, *mehr*, *als*.

I shall be there before noon.	Ich werde vor Mittag dort seyn.
I will die before I behave so.	Ich will eher sterben, als mich so benehmen.
The general was before and behind.	Der General war hinten und vorn.
I love him before myself.	Ich liebe ihn mehr als mich selbst.
He loved her before.	Er liebte sie ehemals.
He gave me some guineas beforehand.	Er gab mir einige Guineen voraus (auf die Hand).
He is now before-hand in the world.	Er steht sich jetzt recht gut, (kommt vorwärts).
I prefer this dish before all other meat.	Ich ziehe diese Schüssel allen andern Gerichten vor.
He got before them all.	Er kam Allen zuvor.
How long will it be, before you return?	Wie lange wird es währen, bis Sie wiederkommen?
It will not be long, before the breaking out of the war.	Es wird nicht lange mehr währen, bis daß der Krieg ausbricht.
The king laid the treaty before the senate.	Der König legte den Vertrag dem Senate vor.
He drove the enemy before him.	Er trieb den Feind vor sich hin.

22.
Behind, hinter, hinten, hinterwärts.

He stood behind me.	Er stand hinter mir.
She rode behind her father.	Sie ritt hinter ihrem Vater (auf demselben Pferd).
Look behind you.	Sehen Sie hinter sich.
I shall leave him behind.	Ich werde ihn zurücklassen.
He is behind you in knowledge.	Er steht Ihnen in Kenntnissen nach.
He is not behind him in any accomplishment.	Er bleibt in keiner Art Geschicklichkeit hinter ihm zurück.
He abused me behind my back.	Er hat mich hinter meinem Rücken verleumdet.
Take him up behind you.	Nehmen Sie ihn hinter sich (auf einem Pferde).
Is any one behind?	Ist noch Jemand zurück?
He scorned to be behind-hand with him in politeness.	Er wollte ihm an Höflichkeit nichts nachgeben.
The poor fellow is much behind in the world.	Der arme Teufel ist in seinen Umständen sehr zurück.
You seem to have left your good sense behind you.	Sie scheinen Ihren Verstand zu Hause gelassen zu haben.

23.
Beside, besides, neben, bei, an, auf der Seite, überdies.

Sit down beside me.	Setzen Sie sich neben mich.
All they have yet besides.	Alles, was sie sonst noch haben.
Besides a good estate he has a large sum in ready money.	Außer beträchtlichen Gütern, hat er auch eine große Summe baaren Geldes.
Besides you know that I was abroad at that time.	Ohnehin wissen Sie, daß ich damals abwesend war.

He is beside himself with anger.	Er ist außer sich vor Zorn.
That news put him beside himself.	Diese Nachricht brachte ihn außer sich.
All this is beside the purpose of our meeting.	Dies Alles liegt außer dem Zwecke unserer Zusammenkunft.
You will put him beside his patience.	Sie werden ihn um alle Geduld bringen.
Nobody besides	Keiner außer ....
Whom besides do you expect?	Wen erwarten Sie sonst noch?
Except him and a few besides.	Ihn und einige Andere ausgenommen.
Besides that, it was a breach of promise.	Ueberdies war es eine Wortbrüchigkeit.

24.

Between, Betwixt, zwischen, unter.

The river flowed between the trees.	Der Fluß ging zwischen den Bäumen.
A large plain lay between the armies.	Zwischen den Armeen lag eine große Ebene.
I distinguish between friends and acquaintances.	Ich machte einen Unterschied zwischen Freunden und Bekannten.
There's no difference between you and him.	Es ist kein Unterschied zwischen Ihnen und ihm.
They planned it between them.	Sie machten es unter sich aus.
Betwixt them both they contrived to ruin him.	Durch ihr beiderseitiges Betragen wurde er zu Grunde gerichtet.
What has happened between you and him?	Was ist zwischen Ihnen und ihm vorgefallen?
Between them both I am plagued to death.	Zwischen den Beiden werde ich zu Tode gequält.
Between ourselves I am inclined to believe etc.	Unter uns gesagt, will ich wohl glauben u. f. w.
The ball struck the ship between wind and water.	Die Kugel traf das Schiff hart am Wasser.

25.

Beyond, über, jenseits, mehr als.

He lives beyond sea.	Er wohnt jenseits des Meeres.
Beyond the alps.	Jenseit der Alpen.
Beyond all doubt (dispute).	Ohne allen Zweifel.
They were delighted beyond measure.	Sie waren über die Maßen froh.
It was far beyond thy hopes.	Es war weit über meine Hoffnung.
Do not stay beyond your time.	Bleiben Sie nicht über die Zeit aus.
They went beyond all possibility of retreat.	Sie gingen so weit, daß keine Möglichkeit zum Rückzuge war.
He ventured beyond his depth.	Er ging tiefer, als er Grund fühlte.
Do not go beyond my limits.	Gehen Sie nicht über meine Vorschrift.
He went beyond his orders.	Er ging über seinen Befehl hinaus.
Beyond the reach of calumny.	Ueber die Verleumdung erhaben.
Beyond all price.	Unbezahlbar.
He is much beyond me.	Er ist weit über mir.
Seven miles beyond Philadelphia.	Sieben Meilen jenseits Philadelphia.

26.

Both, sowohl, als, alle beide.

They were victorious both by sea and land.	Sie waren siegreich zu Wasser und zu Lande.
He has shown his talents both in the cabinet and the field.	Er hat seine Talente sowohl im Kabinet als im Felde gezeigt.
I both love and esteem him.	Ich liebe und achte ihn zugleich.
Both in time of peace and war.	Sowohl in Friedenszeiten als im Kriege.
In his company I find both instruction and entertainment.	In seiner Gesellschaft finde ich beides, Belehrung und Unterhaltung.

He was both, a soldier and a scholar.	Er war beides, Soldat und Gelehrter.
There was great slaughter on both sides.	Auf beiden Seiten war ein großes Blutbad.
If both remain alive.	Wenn beide leben bleiben.
They are found in both the Indies.	Man findet sie in beiden Indien.
Both ancient and modern writers are of this opinion.	Sowohl die alten als die neuern Schriftsteller sind dieser Meinung.
Both the brothers are rascals.	Beide Brüder sind Bösewichter, Taugenichtse.
I hate them both.	Ich hasse sie beide.
He is jack of both sides.	Er ist ein Achselträger.

27.

Bel, aber, allein, als, nur, außer zc.

He is a good father, but a little too indulgent.	Er ist ein guter Vater, aber ein wenig zu nachsichtig.
They did nothing but complain.	Sie thaten nichts als klagen.
There's no doubt but it will succeed.	Es ist keinem Zweifel unterworfen, daß es gelingen werde.
If you will but be ruled by me.	Wenn Sie sich nur von mir wollen rathen lassen.
Would men but reflect that	Wenn die Menschen nur bedenken wollten, daß . . . .
He eats but little, but then he drinks the more for it.	Er ißt nur wenig, aber dafür trinkt er auch desto mehr.
Give him but a little.	Geben Sie ihm nur wenig.
He was here but just now.	Er war erst eben hier.
He has been gone but a moment.	Er ist erst einen Augenblick fortgegangen.

Any body but you would consent.

In the last line but one.
You cannot but be sensible, that you have done wrong.
I hoped to succeed, but in vain.

I called on him, but he was gone out.
But a little more would do.
But one step more and you are undone.
Fear not but I will reward you.

It is but too true.
Not a day passes but he commits some folly.
You must eat but sparingly.
Never did a man act thus but he repented of it at the long run.
But what I like best is . . .
But the best is to come.
She escaped but by a miracle.
The demand was but just.

Life is but short.
If you will but second me.
There's nobody but knows it.

There's no man so perfect, but he has some failings.
He would not come but for you.

Jeder Andere, als Sie, würde einwilligen.
In der vorletzten Linie.
Sie müssen durchaus fühlen, daß Sie Unrecht haben.
Ich hoffte, daß es gelingen sollte, aber vergebens.
Ich ging zu ihm, aber er war ausgegangen.
Nur etwas mehr würde hinreichen.
Noch einen Schritt weiter und Sie sind verloren.
Fürchten Sie nicht, daß ich Sie unbelohnt lassen werde.
Es ist nur zu wahr.
Es verstreicht kein Tag, an dem er nicht einen tollen Streich macht.
Sie müssen nur wenig essen.
Nie hat Jemand so etwas gethan, ohne es mit der Zeit zu bereuen.
Aber was ich am liebsten mag, ist . . .
Aber das Beste soll noch kommen.
Nur durch ein Wunder entkam sie.
Die Forderung war nicht anders als billig.
Das Leben ist nur kurz.
Wenn Sie mir nur helfen wollen.
Es gibt Niemand, der es nicht wüßte.
Kein Mensch ist so vollkommen, daß er nicht einige Fehler hätte.
Er wollte blos Ihretwegen kommen.

I would go but for displeasing my father.

Ich würde gehen, wenn ich nicht fürchtete, meinem Vater zu mißfallen.

But that I fear to vex him.

Fürchtete ich nicht, ihn zu ärgern.

None but you can succeed.

Ihnen allein kann es gelingen.

But for you I had been killed.

Ohne Sie wäre ich getödtet worden.

They visit none but their own party.

Sie besuchen blos ihre eigne Partei.

What is that but cheating?

Was ist das anders als betrügen?

Not but I knew, he was flattering me.

Nicht, als ob ich nicht wußte, daß er mir schmeichelte.

I never think of that story, but I wonder at his folly.

Ich denke nie an die Geschichte, ohne mich über seine Thorheit zu wundern.

Not but I would forgive him.

Nicht, daß ich ihm vergeben wollte.

I doubt not but you will be glad to hear.

Ich zweifle nicht, es wird Ihnen angenehm seyn, zu hören.

I saw nobody but him.

Ich sah sonst keinen, als ihn.

It was but seldom good.

Es war nur selten gut.

All but one came.

Alle, außer Einem, kamen.

It wants but a few minutes of six o'clock.

Es sind nur noch wenige Minuten vor sechs.

It was but yesterday that . . .

Es war erst gestern, daß . . .

If they were but here.

Wenn sie nur hier wären.

But that won't do.

Aber das geht nicht.

He did not say, that he loved, but that he admired her.

Er sagte nicht, daß er sie liebte, sondern daß er sie bewunderte.

28.

By, von, durch c.

This painting is by Raphael.

Dies Gemälde ist von Raphael.

It was printed by Bensley.

Es ist von Bensley gedruckt.

Favor'd by the night.

His works are studied by all artists.

He fell by the sword.

He took it by force.

He was beheaded by the king's order,

By this sentence he lost his honor.

I found him by chance (by accident).

By good luck we saw him.

It was done by degrees.

I made my collection by little and little.

He had two children by his first wife.

He went by your advice.

He is a nobleman by birth.

A carpenter by trade.

A lawyer by profession.

By one o'clock I shall return or at least by dinner-time.

It is four by my watch.

By the way I must tell you.

Do as you would be done by.

If I should do by you as you do by me.

He sells by wholesale, but not by retail.

Durch die Nacht begünstigt.

Seine Werke werden von allen Künstlern studirt.

Er fiel durch's Schwert.

Er nahm es mit Gewalt.

Er ward auf des Königs Befehl enthauptet.

Durch dies Urtheil büßte er seine Ehre ein.

Ich fand ihn zufällig.

Zum Glück sahen wir ihn.

Es geschah stufenweise.

Ich machte meine Sammlung nach und nach.

Er hatte zwei Kinder von seiner ersten Frau.

Auf Ihren Rath ging er.

Er ist ein Edelmann von Geburt.

Seines Handwerkes ein Zimmermann.

Ein Rechtsgelehrter von Profession.

Gegen ein Uhr werde ich zurück seyn, oder spätestens zur Tischzeit.

Es ist vier nach meiner Uhr.

Im Vorbeigehen muß ich Ihnen sagen.

Thut Andern, wie Ihr wollt, daß sie Euch thun sollen.

Wenn ich gegen Sie so handeln wollte, als Sie gegen mich.

Er verkauft im Großen, aber nicht einzeln.

By this time twelve months.	Von jetzt über zwölf Monate.
He saluted all the ladies by turns.	Er grüßte alle Damen nach der Reihe.
Will you please to sit by me?	Wollen Sie die Güte haben, sich zu mir zu setzen?
At a coffeehouse hard by.	In einem Kaffeehause nebenan.
He lives by his industry.	Er lebt von seinem Fleiße.
We passed by the house without looking up.	Wir gingen vor dem Hause vorüber, ohne aufzusehen.
You must form yourself by his example.	Sie müssen sich nach seinem Beispiele bilden.
Take warning by him.	Er mag Ihnen zur Warnung dienen.
By all the circumstances.	Nach allen Umständen.
He comes to us day by day.	Er kommt Tag für Tag zu uns.
By all means.	Allerdings.
By no means.	Keineswegs.
I will come by and by.	Ich werde nachher (späterhin, bald) nachkommen.
By the end of the week.	Gegen Ende der Woche.
By next sunday it shall be ready.	Gegen den künftigen Sonntag soll es fertig seyn.
By this day sen' night.	Heute über acht Tage.
They settled it by lot.	Sie haben es durch's Loos entschieden.
He ceded this province by treaty.	Er trat diese Provinz einem Vertrage gemäß ab.
I came by way of Frankfort, and shall return by way of Brassels.	Ich kam über Frankfurt, und werde über Brüssel zurückgehen.
A by-road.	Ein Nebenweg.
A by-street (lane).	Eine Nebenstraße.
Such by-blows often make great fortunes.	Solche Bastarde machen oft viel Glück.
You are taller by a whole head.	Sie sind um einen ganzen Kopf größer.

She is prettier by far.	Sie ift viel hübfcher.
That way is nearer by seven miles.	Das ift um fieben Meilen näher.
I was standing by at the time.	Ich ftand zu der Zeit nahe dabei.
I have not so much money by me.	Ich habe nicht fo viel Geld vorräthig.
I will stand by you.	Ich will Ihnen beiftehen.
He sets much store by it.	Er fetzt einen hohen Werth darauf.
I travelled by moonlight.	Ich reifete bei Mondfchein.
One by one, two by two.	Einer nach dem Andern, Zwei und Zwei.
The way by sea is shorter, but I had rather go by land.	Der Weg zur See ift kürzer, ich möchte aber lieber zu Lande gehen.
Stand by!	Platz da!
I shall be by myself.	Ich werde allein feyn.
He did it by himself.	Er that es für fich.
You may go by yourself.	Sie mögen allein gehen.

29.

Down, hinab, herab, hinunter, nieder.

You must pay the money down (upon the nail).	Sie müffen in baarem Gelde bezahlen.
The sun is gone down.	Die Sonne ift untergegangen.
The ship sails down the river.	Das Schiff fegelt den Fluß hinunter.
He walks up and down.	Er geht auf und nieder.
Pray, come down.	Kommen Sie doch herunter.
Sit down without ceremony.	Setzen Sie fich ohne Umftände.
Write down, what I say.	Schreiben Sie nieder, was ich fage.
Down with him!	Nieder mit ihm!
He bowed down do the ground.	Er verbeugte fich bis zur Erde.
Will you go down?	Wollen Sie hinunter gehen?
The exchange is down to thirty.	Der Cours ift bis auf dreißig herunter.

Go down stairs.	Gehen Sie hinab.
Set it down to me (put it down to my account).	Schreiben Sie es für mich an.
Down to the bottom.	Bis auf den Grund.
He is much cast down.	Er ist sehr herunter.
He was a little down in the mouth.	Er war etwas niedergeschlagen.
He fell down.	Er fiel nieder.
He blushed and looked down.	Er errötete und sah vor sich nieder.

30.

Either, jeder, einer, entweder.

He is richer than either of you.	Er ist reicher als einer von Ihnen.
Either of you may come.	Einer von Ihnen kann kommen.
I have not seen either him or his wife.	Ich habe weder ihn noch seine Frau gesehen.
The loss was great on either side.	Der Verlust auf beiden Seiten war groß.
They choose a pretty child of either sex.	Sie wählen ein hübsches Kind jedes Geschlechts.
He is either a fool or a knave.	Er ist entweder ein Thor, oder ein Schelm.
I will have either all or none.	Ich will entweder Alles, oder nichts haben.
Think me not either insensible or ungrateful.	Glauben Sie, daß ich weder unempfindlich noch undankbar bin.
I have no news either of him or his brother.	Ich habe keine Nachricht, weder von ihm, noch von seinem Bruder.

31.

Else, anders, sonst, wo nicht.

No one else but you can have told him.	Keiner als Sie kann es ihm gesagt haben.

You or some one else.	Sie oder sonst Jemand.
They mean nothing else.	Sie meinen sonst nichts.
Have you nothing else to do?	Haben Sie sonst nichts zu thun?
What else could hinder it?	Was sonst könnte daran hindern?
Somewhere else.	Irgendwo anders.
Get about your business or else I will break your head.	Bekümmern Sie sich um Ihre Arbeit, sonst werde ich Ihnen den Kopf zurechtsetzen.
Or else he has told me a lie.	Sonst hat er mir etwas vorgelogen.

32.

Even, eben, gleich, gerade, sogar.

It is an even country.	Es ist ein ebenes Land.
This is not even.	Dies ist nicht gleich.
These two weights are even.	Diese zwei Gewichte sind sich gleich.
I am even with you.	Ich bin Ihnen nun nichts mehr schuldig.
I will be even with you for it some day or other.	Ich werde es Ihnen über kurz oder lang vergelten (gedenken).
Even reckoning makes lasting friends.	Richtige Rechnung erhält gute Freundschaft.
She has an even temper.	Sie hat ein ruhiges Gemüth.
She has an even set of teeth.	Sie hat eine gerade Reihe Zähne.
Our accounts are even.	Unsere Rechnung geht auf.
We came off upon even terms.	Wir hatten gleichen Vortheil davon.
Six is an even number.	Sechs ist eine gerade Zahl.
We played at even, or odd.	Wir spielten Paar oder Unpaar.
It were a shame even to think of it.	Es wäre eine Schande, selbst nur daran zu denken.
Even then he would not submit.	Selbst dann würde er nicht nachgeben.
Their rage and even their murmers ceased.	Ihre Wuth und selbst ihr Murren hörte auf.

Even in jest I would not lie.

Selbst im Scherz möchte ich nicht lügen.

Is it even so? then I am undone indeed.

Ist es dahin gekommen? dann bin ich ohne Hoffnung verloren.

Even a little before he died.

Kurz vor seinem Tode.

You had better e'en consent with a good grace.

Es wäre besser, wenn Sie gutwillig beistimmten.

You must e'en submit, for you cannot help it.

Sie müssen wohl nachgeben, denn Sie können nichts dagegen machen.

33.

Ever, immer, stets, je, jemals.

Did you ever hear any thing so charming?

Hörten Sie jemals so etwas Bezauberndes?

I would not go for ever so much.

Ich möchte um keinen Preis gehen.

I will come as soon as ever I can.

Ich werde kommen, so schnell ich nur immer kann.

It has ever been my wish.

Es ist immer mein Wunsch gewesen.

He remembered it ever after.

Er erinnerte sich immer nachher daran.

If ever you deceive me.

Wenn Sie mich jemals hintergehen.

I am ever at your service.

Ich bin immer zu Ihren Diensten.

For ever and aye.

Immer und ewig.

Queen Elisabeth of everblessed memory.

Königin Elisabeth, glorreichen Andenkens.

It ever was and will be so.

Das war und wird immer so seyn.

Let him be ever so rich.

Wenn er auch noch so reich ist.

I am blamed, tho' I do ever so well.

Man tadelt mich, wenn ich es auch noch so gut mache.

Give me some, though it be ever so little.

Geben Sie mir etwas, wenn es auch noch so wenig ist.

We will tame them, be they ever so fierce.

Wir wollen sie zahm machen, wenn sie auch noch so wild sind.

34.
Every, jeder, jeglicher, jedweder.

Every man is liable to error.	Jedermann kann sich irren.
I visit her every day.	Ich besuche sie alle Tage.
Once every year.	Einmal im Jahr.
Every one fears him.	Jeder fürchtet ihn.
Every body loves her.	Jedermann liebt sie.
The post comes every other day.	Die Post kommt einen Tag um den andern.
His folly is known every where.	Seine Narrheit ist überall bekannt.
He took every one of them.	Er nahm jeden von ihnen.
He drank 'up every drop of the bottle.	Er trank die Flasche bis auf den letzten Tropfen aus.

35.
Far, fern, weit, entfernt.

He has travelled far.	Er ist weit gereiset.
I am far from believing this story.	Ich bin weit entfernt, die Geschichte zu glauben.
Here are far greater rivers and far higher mountains than in Europe.	Hier sind viel größere Flüsse und viel größere Gebirge als in Europa.
This is the longest way by far.	Dies ist bei weitem der längste Weg.
She is prettier by far.	Sie ist bei weitem hübscher.
You may go as far as you please.	Sie können so weit gehen als Sie wollen.
As far as I can guess.	So viel ich vermuthen kann.
As far as I am able.	So weit ich im Stande bin.
How far is it from here to London?	Wie weit ist es von hier nach London?
That is a far-fetched excuse.	Die Entschuldigung ist weit hergeholt.
Far off.	Weit davon.

The winter is far advanced.	Der Winter ist weit vorgerückt.
He is so far from having obtained his father's consent, that he has not even asked it.	Er ist so weit entfernt, seines Vaters Einwilligung erhalten zu haben, daß er nicht einmal darum nachgesucht hat.
He is known far and near	Er ist weit und breit bekannt.
The effects of this earthquake spread far and wide.	Die Wirkung dieses Erdbebens erstreckt sich weit und breit.
Far be it from me to suspect you.	Fern sey es von mir, Sie in Verdacht zu haben.
Thus far and no farther.	Bis dahin und nicht weiter.

36.

For, für, wegen, während, denn 2c.

She suffered for her credulity.	Sie litt für ihre Leichtgläubigkeit.
I will die for you.	Ich will für Sie sterben.
For if.	Denn wenn.
For if it is said.	Denn wenn man sagt.
That will suffice for the present.	Das wird für jetzt genug seyn.
I have renounced gaming for ever.	Ich habe dem Spiele auf immer entsagt.
He did it for my (your, her, his etc.) sake.	Er that es meinet= (euret=, ihret=, seinet= 2c.) wegen.
It is a shame for you.	Es ist eine Schande für Sie.
I shall suffer for having listened to him.	Ich werde dafür leiden, daß ich ihm Gehör gegeben habe.
He was left for dead.	Man ließ ihn für todt liegen.
I take it for granted.	Ich nehme es für ausgemacht an.
He sold it for twenty pounds.	Er kaufte es für zwanzig Pfund.
How much did he sell it for?	Wie hoch verkaufte er es?
As for me (for my part).	Was mich betrifft (ich meines Theils).
For that very reason.	Aus eben dem Grunde.

For all that I shall go.

He could not do it for want of strength.

For all his seeming modesty I don't trust him.

I did it for this reason.

We do it for custom's sake.

Were it not for you I should go.

It is not for nothing.

I could not forgive him, for all he was my friend.

For the time to come.

For what reason do you ask the question?

He gave sentence for us.

He was very learned for those times.

He will certainly swing for it.

What are you for?

I am for staying at home.

I am for peace and quietness.

He was for attempting it.

They had nothing left but to scamper for it.

You need not be angry, for nobody spoke to you.

It is not well for him to do so.

The thing speaks for it-self.

Deſſen ungeachtet werde ich hingehen.

Er konnte es aus Mangel an Kraft nicht thun.

Ungeachtet ſeiner anſcheinenden Beſcheidenheit, ſo traue ich ihm doch nicht.

Ich that es deshalb.

Wir thun es, weil es ſo Gebrauch iſt.

Wäre es nicht Ihretwegen, ſo ginge ich.

Es iſt nicht umſonſt.

Ich konnte ihm nicht vergeben, ob er gleich mein Freund war.

In Zukunft, künftig.

Aus welchem Grunde fragen Sie darnach?

Er ſprach das Urtheil zu unſern Gunſten.

Für die Zeiten war er ein ſehr gelehrter Mann.

Er wird gewiß dafür hängen müſſen.

Wofür ſind Sie?

Ich bin dafür, zu Hauſe zu bleiben.

Ich bin für Ruhe und Frieden.

Er war für den Verſuch.

Es blieb ihnen nichts übrig, als davonzulaufen.

Sie brauchen nicht böſe zu ſeyn, denn Niemand hat Ihnen etwas geſagt.

Es iſt nicht ſchön von ihm, das zu thun.

Die Sache ſpricht für ſich ſelbſt.

She trembled for fear.	Sie zitterte vor Furcht.
It is enough for you to know, that he is not here.	Es ist hinreichend für Sie zu wissen, daß er nicht hier ist.
He lived in the country for many years.	Er lebte viele Jahre auf dem Lande.
He will be absent for the whole summer.	Er wird den ganzen Sommer abwesend seyn.
He was deaf for many years.	Er war viele Jahre taub.
We did it for our own pleasure.	Wir thaten es zu unserm eigenen Vergnügen.
He hoped to be back soon enough for dinner.	Er glaubte, früh genug zum Mittagsessen zurück zu seyn.
Come soon, for I have much to say to you.	Kommen Sie bald, denn ich habe Ihnen viel zu sagen.
I have long known him for a fool.	Ich habe ihn lange als einen Thoren gekannt.

37.

From, *von, an, aus, seit.*

I come from America.	Ich komme aus Amerika.
They went from me early.	Sie gingen früh von mir.
You hinder me from writing.	Sie hindern mich am Schreiben.
This may be proved from scripture.	Das kann aus der Schrift bewiesen werden.
Armed from top to toe.	Bewaffnet vom Kopf bis zu den Füßen.
From time to time.	Von Zeit zu Zeit.
I have chosen it from among them.	Ich habe es unter ihnen ausgesucht.
From the crown of the head to the sole of the foot.	Vom Wirbel bis auf die Fußsohlen.
He suffered much from his wounds.	Er litt viel an seinen Wunden.
Translated from the French.	Aus dem Französischen übersetzt.

I know it from experience.	Ich weiß es aus Erfahrung.
I have it from good authority.	Ich habe es von guter Hand.
He withdrew his protection from her.	Er entzog ihr seine Gunst (Schutz).
He retired from office.	Er entzog sich vom Dienst zurück.
From 60 to 70 houses are burnt.	Es sind 60 bis 70 Häuser verbrannt.
Separate the good from the bad.	Trennen Sie das Gute vom Schlechten.
I will write to you from London.	Ich werde von London aus an Sie schreiben.
They dissuaded me from it.	Sie haben mich davon abgebracht.

38.
If, wenn, ob.

I will come, if I can.	Ich werde kommen, wenn ich kann.
If that be the case.	Wenn das der Fall ist.
He ran away as if panicstruck.	Er rannte mit einem panischen Schrecken davon.
It is as if one should say.	Es ist, als wenn Jemand sagen wollte.
They look as if they were deserters.	Sie haben das Ansehen von Ausreissern.
He made as if he were mad.	Er stellte sich toll.
If they deceive me.	Wenn sie mich betrügen.
If he should come.	Wenn er kommen sollte.
If it had not been for that.	Wenn es nicht darum gewesen wäre.
He was a great commander, if not the greatest of his age.	Er war ein guter General, wo nicht der größte seiner Zeit.
They received him, if not with cordiality, yet with politeness.	Sie empfingen ihn, wenn nicht gerade herzlich, doch mit vieler Artigkeit.

39.
In, in, an, hinein, zu, unter, aus, innen.

They were taken in the fact.	Sie waren auf der That ertappt.

In good humour.

It is not in human nature to bear such treatment.

In the mean time.

In obedience to your commands.

In token of friendship.

Sick in body, but sound in mind.

I know not, in whom to trust.

This is a great weakness (folly, blindness) in him.

They received a reward either in land or money.

A promise in writing.

Words will not do, I must have it in black and white.

You are bound in honor to consent.

In contempt of her.

In spite of their dislike.

It stands me in more money.

In that we are weak and liable to error.

I must keep fair with him.

Bei guter Laune.

So eine Behandlung kann kein Mensch aushalten.

Unterdessen, inzwischen.

Ihrem Befehle zufolge.

Als ein Freundschaftszeichen.

Krank am Körper, aber gesund am Geiste.

Ich weiß nicht, wem ich trauen soll.

Das ist eine große Schwäche (Thorheit, Verblendung) an ihm.

Sie bekamen eine Belohnung, entweder an Land oder baarem Gelde.

Ein schriftliches Versprechen.

Worte helfen nicht, ich muß es schwarz auf weiß haben.

Ihre Ehre verpflichtet Sie zur Einwilligung.

Aus Verachtung gegen sie.

Trotz ihres Mißfallens.

Es kommt mir höher zu stehen.

Hierin sind wir schwach und dem Irrthum unterworfen.

Ich muß es mit ihm halten.

40.

Into, in (vor dem Accusativ).

I went into the house.

He penetrated into the secret.

You have drawn me into your snares.

Ich ging in das Haus.

Er drang in das Geheimniß.

Sie haben mich in Ihre Schlingen gelockt.

His windows look into my garden.	Seine Fenster sind nach meinem Garten zu.
They fell into decay.	Sie geriethen in Verfall.
He persuaded me into it.	Er hat mich dazu überredet.
He was whipt into a confession of his guilt.	Er wurde so lange gepeitscht, bis er seine Verbrechen eingestand.
They have frightened him into compliance.	Sie haben ihn so bange gemacht, daß er einwilligte.
He was at lenght reasoned into the belief of miracles.	Er wurde zuletzt überredet, an Wunder zu glauben.

41.

Near, Nearly, nahe, nahe bei, an, fast, bald ꝛc.

She stood near me.	Sie stand nahe bei mir.
He was near being killed.	Er wäre beinahe getödtet worden.
She has near a thousand pounds.	Sie hat nahe an tausend Pfund.
She is my nearest relation.	Sie ist meine nächste Verwandte.
She is said to be very near (close).	Man sagt, sie sey sehr geizig.
Near is my shirt, but nearer is my skin.	Das Hemd ist mir näher als der Rock.
Near at hand.	Nahe bei der Hand.
He is near sixty.	Er ist nahe an sechzig.
You are not near so bad.	Sie sind bei weitem nicht so schlecht.
He went near to accuse me.	Er war nahe daran, mich zu beschuldigen.
His horse was blind of the near eye (lame of the near foot).	Sein Pferd war auf dem linken Auge blind (lahm am linken Beine).
His loss nearly cost her her life.	Sein Verlust kostete ihr beinahe das Leben.
He was nearly related to her.	Er war nahe verwandt mit ihr.
They are nearly finished.	Sie sind beinahe fertig.

42.

Neither, weder, auch nicht, keiner.

He is neither covetous nor prodigal.	Er ist weder geizig noch verschwenderisch.
Neither is this all my grief.	Das ist auch nicht all mein Kummer.
Neither did I ever know it.	Auch habe ich es nie gewußt.
Let me not be thought arrogant neither.	Lassen Sie mich auch nicht für anmaßend gehalten werden.
She does not like him, neither do I.	Sie mag ihn nicht leiden, und ich eben so wenig.
Neither the one nor the other.	Weder der Eine noch der Andere.
Neither you nor any one shall make me believe it.	Weder Sie, noch sonst Jemand, werden mich es glauben machen.
He has given two explanations, but I comprehend neither.	Er hat zweierlei Erklärungen gegeben, aber ich verstehe keine davon.

43.

Never, nie, niemals, nimmermehr, ja nicht.

He will never do it.	Er wird es nimmermehr thun.
I have never seen him since.	Ich habe ihn seitdem nie wieder gesehen.
Never a one was there.	Es war nicht ein einziger da.
Never father loved his children better.	Nie liebte ein Vater seine Kinder mehr.
Never think of braving his anger.	Denken Sie ja nicht daran, seinem Zorn zu trotzen.
Never refuse him such a trifle.	Schlagen Sie ihm ja so eine Kleinigkeit nicht ab.
It can never be worth while to risk such a loss.	Es kann unmöglich der Mühe werth seyn, so einen Verlust zu wagen.

Will you consent?	Wollen Sie einwilligen?
Never!	Niemals!
Now or never!	Jetzt oder niemals!
I have never yet seen him.	Ich habe ihn noch nie gesehen.

44.
Now, nun, jetzt.

Now you may go.	Jetzt können Sie gehen.
He was just now here.	Er war so eben hier.
Now is the moment.	Jetzt ist der Augenblick.
Even now they begin.	Jetzt eben fangen sie an.
Now and then.	Dann und wann.
Now a days they are wiser.	Heut zu Tage ist man klüger.
Now if they think so, they are mistaken.	Nun wenn sie das denken, so sind sie irrig.
Now if he should die this night?	Wenn er nun die Nacht sterben sollte?
Now if he is not there?	Wenn er nun nicht da ist?
Now it is at an end.	Jetzt ist es aus.
He may now come or not.	Er mag nun kommen oder nicht.
Now then, this man is a robber.	Nun aber, dieser Mann ist ein Räuber.
Now generous, now mean, now affable, now haughty, he has no fixed character.	Bald großmüthig, bald niedrig, bald leutselig und bald hochmüthig, — so hat er keinen bestimmten Charakter.

45.
Of, von, aus.

The master of the house.	Der Herr vom Hause.
This comes of your negligence.	Das kommt von Ihrer Nachlässigkeit.

I cannot tell what will come of it.	Ich kann nicht sagen, was daraus entstehen wird.
What will become of us?	Was wird aus uns werden?
In days of yore.	In alten Zeiten
Of all these books that is the best.	Von allen den Büchern ist dies das beste
I like that of all things.	Ich mag das vor Allem gern.
That is well done of you.	Das haben Sie gut gemacht.
He is a pretty figure of a man.	Es ist eine artige Figur von einem Manne.
The house was of stone.	Das Haus war massiv gebaut.
The city of Hamburg (Hambro').	Die Stadt Hamburg.
The dutchy of Juliers.	Das Herzogthum Jülich.
The kingdom of England.	Das Königreich England.
The empire of Russia.	Das Kaiserthum Rußland.
A banknote of ten pounds.	Eine Banknote von zehn Pfund.
I had a bad journey of it.	Ich hatte eine böse Reise.
Sick of a fever.	An einem Fieber krank.
I am of your way of thinking.	Ich denke wie Sie.
He has a house of his own.	Er hat sein eigenes Haus.
A devil of a fellow.	Ein verzweifelter Kerl.
A scoundrel of a lawyer.	Ein Schurke von Advokaten.
An angel of a woman.	Ein Engel von Weibe.
Of a little one.	Von Kindheit auf.
Out of hand.	Sogleich.

46.
Off, ab, von hier.

Off with your hat!	Den Hut ab!
We are quite off from him.	Wir sind ganz von ihm ab.
He is very well off.	Er ist sehr wohl daran.

It is very far off.	Das ist sehr weit ab.
Ten miles off —	Zehn Meilen von —
Pull off your shoes.	Ziehen Sie Ihre Schuhe aus.
He set off last week.	Er ist vergangene Woche abgereiset.
He has left off his tricks.	Er hat die Stückchen aufgegeben.
The battle was fought off cape Trafalgar.	Die Schlacht fiel beim Kap Trafalgar vor.
This affair is off.	Es ist nichts daraus geworden.
They got their vessel off.	Sie bekamen ihr Schiff los.
You must take something off.	Sie müssen etwas abnehmen.
This article went well off.	Diese Waare ging gut ab.
He put off his journey.	Er schob seine Reise auf.
You are always off and on.	Sie sind immer unentschlossen.
I am off.	Ich bin fertig, oder: ich gehe schon.
He is gone off with the money.	Er ist mit dem Gelde fortgegangen.
Off! off!	Fort! fort!

47.

On, auf, an, zu, fort, über.

It lies on the table.	Es liegt auf dem Tische.
I depend (rely) on you.	Ich verlasse mich auf Sie.
Put on your cloak.	Hängen Sie Ihren Mantel um.
On foot or on horseback.	Zu Fuß oder zu Pferde.
On the contrary.	Im Gegentheil.
They did it on purpose.	Sie thaten es mit Willen.
The victory was on the side of justice.	Der Sieg war auf Seiten der Gerechtigkeit.
On my part I have neglected nothing.	Ich meines Theils habe nichts versäumt.
He rose on a sudden.	Er stand plötzlich auf.
On this condition I will go.	Unter der Bedingung will ich gehen.

I am resolved on it.	Ich bin dazu entschlossen.
On the way to Vevay.	Auf dem Wege nach Vevay.
He is on the high road to ruin.	Er ist auf dem graden Wege zum Verderben.
To play on the flute, etc.	Auf der Flöte 2c. spielen.
On such a solemn occasion.	Bei so einer feierlichen Gelegenheit.
On opening the chest it was found to be empty.	Bei Eröffnung der Kiste fand man sie leer.
Walk on! Play on!	Gehe zu, gehe voran! Weiter gespielt!
On my life you will succeed.	So wahr ich lebe, es wird Ihnen glücken.
A treatise on vaccination.	Eine Abhandlung über die Kuhpocken.
An uncle on the father's (mother's) side.	Ein Onkel von Vaters (Mutters) Seite.
We are on the eve of great events.	Wir sind am Vorabend großer Ereignisse.
On the verge (brink) of ruin.	Am Rande des Verderbens.
You stand on good ground.	Sie stehen auf gutem Boden (haben eine gute Sache).
He ventures on ticklish ground.	Er macht ein gefährliches Unternehmen.

48.

Over, über, vorbei, vorüber.

We can look over the wall.	Wir können über den Wall sehen.
I heard a noise over my head.	Ich hörte einen Lärm über meinem Kopfe.
A storm hangs over them.	Ein Sturm schwebt über ihnen.
She has a veil over her face.	Sie hat einen Schleier vor dem Gesichte.
They gained a great victory over the enemy.	Sie haben einen großen Sieg über den Feind davongetragen.

He triumphed over all obstacles.	Er besiegte alle Hindernisse.
He is in debt over head and ears.	Er steckt bis über die Ohren in Schulden.
He fell over head and ears into the water.	Er fiel kopfüber ins Wasser.
The storm is over.	Der Sturm ist vorüber.
I wish, it were well over.	Ich wollte, es wäre glücklich überstanden.
We read the book over.	Wir lesen das Buch durch.
I have done it a hundred times over.	Ich habe es über hundertmal gethan.
I have long since given it over.	Ich habe es schon lange aufgegeben.
He was warned over and over again.	Er war zu wiederholtenmalen gewarnt.
He is given over by his physicians.	Er ist von seinen Aerzten aufgegeben.
The Elbe is frozen over.	Die Elbe ist zugefroren.
Ten miles over.	Ueber zehn Meilen.
Let us go over.	Laßt uns hinüberzehen.
It is all over with him.	Es ist ganz vorbei mit ihm.

49.

Out, aus, außer, außerhalb.

He dined out of the house.	Er speisete außer dem Hause.
This fruit is now out of season.	Es ist nicht die Jahreszeit für diese Frucht.
She is out of her wits (mind).	Sie ist wahnsinnig.
He is not yet out of danger.	Er ist noch nicht außer Gefahr.
He is out of place.	Er ist ohne Stelle.
He is out of favor at court.	Er ist in Ungnade bei Hofe.
The book is out of print.	Das Buch ist vergriffen.
They are now out of sight.	Sie sind nun aus dem Gesicht.
It went quite out of my head.	Das ist mir ganz aus dem Sinn gekommen.

It has been the custom time out of mind.

He is out of the way.

That's out of my way.
They laughed him out of countenance.
I am ten pounds out of pocket.
I am out of humour to-day.
I am quite out of patience.

My mouth is out of taste.
We got the secret out of him.

The instrument is out of tune.
You seem out of tune.
You ask quite out of the way.

Such notions are out of date.
Out of sight, out of mind.
Your time is out.
All the story came out.
You are quite out.
Your coat is out at the elbows.

He is quite out at the elbows.

Out upon him!
Out upon such conduct!

Das ist seit undenklicher Zeit Gebrauch gewesen.

Er ist abwesend.
Er ist aus dem Wege.

Das ist nicht mein Fach.
Sie brachten ihn durch ihr Lachen in Verwirrung.
Ich habe zehn Pfund eingebüßt.
Ich bin heute nicht gut gelaunt.
Ich habe gänzlich die Geduld verloren.
Meine Zunge hat keinen Geschmack.
Wir haben ihm das Geheimniß entlockt.
Das Instrument ist verstimmt.
Sie scheinen verstimmt.
Sie machen eine übertriebene Forderung.
Solche Begriffe sind veraltet.
Aus den Augen, aus dem Sinn.
Ihre Zeit ist verflossen.
Die ganze Geschichte kam heraus.
Sie irren sich gänzlich.
Ihr Kleid ist an den Ellenbogen entzwei.
Es steht schlecht mit ihm, er hat viele Schulden.
Er soll sich schämen!
Zum Henker mit einer solchen Aufführung!

50.
Since, feit, da.

Since we have lived here.	Seit wir hier gewohnt haben.
It is not four days since.	Es ist nicht vier Tage her.
How long is it since?	Wie lange ist es her?
All this happened, since.	Das hat sich Alles seitdem zugetragen.
Since you are resolved.	Da Sie entschlossen sind.
Since it is so, I cannot help it.	Da es so steht, kann ich nicht helfen.

51.
So, fo.

May I do so?	Kann ich das thun?
Why did you say so?	Warum sagten Sie das?
'T was so we came to know it.	Auf diese Weise haben wir es erfahren.
So! so! that will do.	So! so! das ist gut.
Wisdom, prudence, and so forth.	Weisheit, Vorsicht u. s. w.
I find myself but so so.	Ich befinde mich so so.
He is a so so kind of a fellow.	Er ist ein zweideutiger Kerl.
That is a very so so performance.	Das ist ein mittelmäßiges Stück Arbeit.
As you have sown, so you may reap.	Wie Sie gesäet, so werden Sie ernten.

52.
Through, Throughout, durch, durchaus.

Let us go through this field.	Lassen Sie uns durch dieses Feld gehen.
He was run through the body.	Er war durch den Leib gestochen.

He got happily through his illness.	Er kam glücklich durch seine Krankheit.
I could not speak through excess of joy.	Ich konnte vor Uebermaß der Freude nicht sprechen.
He did it through pity.	Er that es aus Mitleiden.
He spoke to him through an interpreter.	Er sprach durch einen Dollmetscher mit ihm.
We are wet through.	Wir sind durch und durch naß.
She looked him through and through.	Sie hat ihn ganz durchschaut.
We have flowers throughout the year.	Wir haben das ganze Jahr durch Blumen.
The news was spread throughout the empire.	Die Neuigkeit wurde durch's ganze Reich verbreitet.
The house is elegantly furnished throughout.	Das Haus ist durchaus (überall) schön möblirt.

53.

To, zu, an, nach ꝛc.

He begged his bread from door to door.	Er bettelte sein Brob von Thür zu Thür.
That's nothing to me.	Das macht mir nichts.
They live quite to themselves.	Sie leben ganz nach ihrem Gefallen.
I must be free to confess.	Ich muß frei gestehen.
He is a slave to prejudice.	Er ist ein Sklave des Vorurtheils.
That province is lost to him for ever.	Die Provinz ist für ihn auf immer verloren.
He did the business to my satisfaction.	Er hat das Geschäft zu meiner Zufriedenheit ausgerichtet.
That succeeded to admiration.	Das fiel bewundernswürdig gut aus.
Two ships passed by to the westward.	Zwei Schiffe segelten westwärts vorbei.
Not to my knowledge.	So viel ich weiß, nicht.
To the best of my recollection.	So viel ich mich erinnern kann.

| They fought hand to hand. | Sie fochten Mann gegen Mann. |
| We fought this ship yard-arm to yard-arm. | Wir fochten mit diesem Schiffe Bord an Bord. |

54.
Very, ſehr, eben.

I am very sorry to say.	Es thut mir ſehr leid, ſagen zu müſſen.
The very same day.	Den nämlichen Tag.
That is the very same fellow, who stole my watch.	Das iſt derſelbe Kerl' der meine Uhr geſtohlen hat.
He is the very picture of his father.	Er iſt das wahre Ebenbild ſeines Vaters.
The very name of that man is hateful to me.	Der bloße Name dieſes Menſchen iſt mir ſchon verhaßt.
The very devil himself might learn cunning from him.	Der Teufel ſelbſt könnte von ihm noch Pfiffe lernen.
Very well, Sir, as you please, 'tis quite indifferent to me.	Sehr wohl, mein Herr, wie Sie wollen; mir iſt es ganz gleich.

55.
Under, unter ꝛc.

It is under the table.	Es iſt unter dem Tiſche.
I am under restraint.	Die Hände ſind mir gebunden.
He labours under great afflictions (misfortunes, difficulties).	Er hat mit großen Trübſalen (Unglück, Schwierigkeiten) zu kämpfen.
Under confinement.	Im Gefängniß.
He is under age.	Er iſt unmündig.
She is under an oath to conceal it.	Sie iſt durch einen Eid gebunden, es zu verſchweigen.
A note under his hand.	Ein Wechſel von ſeiner Hand.

It is under lock and key.   Es ist unter Schloß und Riegel.
The fleet is under sail.   Die Flotte ist unter Segel.
He printed it under his own name.   Er hat es unter seinem Namen drucken laßen.

The whole town is under water.   Die ganze Stadt steht unter Waßer.
This virtue is personified under the figure of a young woman.   Diese Tugend wird unter dem Bilde einer jungen Frau dargestellt.

56.
While, indeß, während, eine Weile.

While you are talking.   Während Sie sprechen.
While the world lasts.   So lange die Welt steht.
That did for a while.   Das war eine Zeit lang gut.
A long (good) while ago.   Vor langer Zeit.
I knew you all the while.   Ich kannte Sie die ganze Zeit.
It is not worth while.   Es ist nicht der Mühe werth.

57.
Why, warum, nun.

Why will you persist in it?   Warum bestehen Sie darauf?
Why, if this be so.   Nun, wenn dem so ist.
Why, what would you have more?   Nun, was wollen Sie mehr?
Why truly do you boast of it?   Wie können Sie nur damit prahlen?
What did he say? Why, he said he did not like it.   Was sagte er? — Ei, er sagte, es gefiele ihm nicht.
What do I think? Why, I think it will do.   Was ich denke? Nun, ich denke, es wird gehen.
What will I have? Why, I will have a glass of port.   Was ich haben will? Ei, ich will ein Glas Portwein haben.
What will I do? Why, I will leave his house.   Was ich thun will? Ich werde sein Haus verlaßen.

58.

With, mit, bei ꝛc.

He was stabbed with a dagger.	Er war mit einem Dolche durchstochen.
With your permission.	Mit Ihrer Erlaubniß.
He wrote it with his own hand.	Er schrieb es mit eigener Hand.
With all my heart.	Von Herzen gern.
He is in favor with the prince.	Er gilt etwas bei dem Prinzen.
I say it with a safe conscience.	Ich sage es mit gutem Gewissen.
I am angry with you.	Ich bin böse auf Sie.
A word with you, Sir!	Ein Wort, mein Herr!
She is out of conceit with it.	Es gefällt ihr nicht mehr.
They are worth a guinea one with another.	Sie sind, eins in's andere gerechnet, eine Guinee werth.
She fell in love with him.	Sie verliebte sich in ihn.
'Tis the same with us.	Es ist mit uns derselbe Fall.
He died with all our care.	Er starb ungeachtet aller unserer Sorgfalt.
It is a rule (maxim) with me.	Das ist eine Regel bei mir.
Don't find fault with him.	Tadeln Sie ihn nicht.
I met with it by chance.	Ich fand es zufällig.
I have not got it with me.	Ich habe es nicht bei mir.
It has a good smell with it.	Es riecht gut.
They went with the stream.	Sie schwammen mit dem Strome.

59.

Within, in, inwendig, innerhalb.

Stay within doors.	Bleib zu Hause.
That is not within my power.	Das steht nicht in meiner Gewalt.
It is not within my reach.	Das kann ich nicht erlangen.

Within our memory.	Bei unserm Gedenken.
Within ten years.	Innerhalb zehn Jahren.
Within cannon-shot.	Auf Kanonenschußweite.
He was within a little of being killed.	Es fehlte wenig, so wäre er umgebracht.
Within an ace of destruction.	Ein Haar breit vom Verderben.
His crime is within that law.	Sein Verbrechen ist in diesem Gesetz begriffen.
I heard her voice from within.	Ich hörte ihre Stimme von innen.
Is he within?	Ist er zu Haus?
Within a trifle.	Bis auf eine Kleinigkeit.
I thought within myself.	Ich dachte bei mir selbst.

60.

Yet, noch, doch, dennoch rc.

You are yet to learn that.	Sie sollen das noch lernen.
They are yet too young.	Sie sind noch zu jung.
She is ugly; yet he loves her.	Sie ist häßlich; er liebt sie aber doch.
While they were yet heathens.	Da sie noch Heiden waren.
She has injured me, yet I forgive her.	Sie hat mich beleidigt, aber ich verzeihe ihr.
I will do yet more.	Ich will noch mehr thun.
The contents are as yet unknown.	Der Inhalt ist bis jetzt nicht bekannt.
It is not yet time.	Es ist noch nicht Zeit.
I shall go yet a little farther.	Ich werde dennoch etwas weiter gehen.
Yet a week patience and you shall learn all.	Noch eine Woche Geduld, und Sie sollen Alles erfahren.
As yet.	Bisher.
Yet a moment.	Noch einen Augenblick.

Dritte Abtheilung.

Einzelne Schwierigkeiten.

1.

Of, from, by, von.

From whom did you receive this book?	Von wem haben Sie das Buch erhalten?
Of what date is the letter you have received?	Von welchem Datum ist der Brief, den Sie erhalten haben?
By whom is this painting?	Von wem ist dieses Gemälde?
It seems to be the work of a celebrated master.	Es scheint das Werk von einem berühmten Meister zu seyn.
A word from him would relieve you from your anxiety.	Ein Wort von ihm würde Sie von Ihrer Sorge befreien.
One of you must have done it.	Einer von Ihnen muß es gethan haben.
He had two children by his first wife.	Er hatte zwei Kinder von seiner ersten Frau.
He puts me off from day to day.	Er zieht mich von einem Tage zum andern hin.
He is returning from a long journey.	Er kommt von einer weiten Reise zurück.
That was very well done of him.	Das war von ihm sehr wohl gethan.
You can expect no such thing from him.	Von ihm können Sie dergleichen nicht erwarten.
His name will be revered by the latest posterity.	Sein Name wird von der spätesten Nachwelt verehrt werden.

I have heard nothing of my brother.	Ich habe nichts von meinem Bruder gehört
Tell him from me, that I expect every thing from him.	Sagen Sie ihm von mir, daß ich Alles von ihm erwarte.
You will be well served by him; he is beloved by all.	Sie werden von ihm gut bedient werden; er ist von Allen geliebt.
Of whom did you buy this watch?	Von wem haben Sie diese Uhr gekauft?
He cannot have heard it from me; for I have not spoken of it to any one.	Er kann es von mir nicht gehört haben, denn ich habe mit Niemandem davon gesprochen.

2.

Which? what? welcher, welche, welches.

In what room shall we dine to-day?	In welcher Stube werden wir heute zu Mittag essen?
Which are the gloves you have selected?	Welches sind die Handschuhe, die Sie ausgesucht haben?
At what hour does the dutch mail go off?	Um welche Stunde geht die holländische Post ab?
Which do you like best,* tea, or coffee?	Was mögen Sie am liebsten, Thee oder Kaffee?
What play is to be performed tonight?	Welches Stück wird heute Abend gegeben?
What gown shall I put on?	Welches Kleid soll ich anziehen?
Bring me one of my waistcoats, no matter which.	Bringen Sie mir eine meiner Westen, gleichviel welche.
Of what country are you, and what is your name?	Aus welchem Lande sind Sie, und wie heißen Sie?
Which preacher has the best delivery?	Welcher Prediger hat den besten Vortrag?

At what inn do you think of putting up?

You may have what horse you choose; tell me which you like best.

What a mistake you have made!

Here are two walking-sticks; which will you have?

What books do you recommend me to buy?

On what conditions will he part with his horse?

Which is the broadest street in the town?

In which room shall we dance this evening?

At what o'clock do you generally rise in the morning?

Which road shall I take, on leaving the village?

One of his sisters has got married, but I do not know which.

I am going to buy some lottery-tickets; what numbers shall I choose?

In welches Wirthshaus denken Sie einzukehren?

Sie können das Pferd haben, welches Sie wollen; sagen Sie mir, welches Ihnen am meisten gefällt.

Welchen Fehler haben Sie gemacht!

Da sind zwei Spazierstöcke; welchen wollen Sie?

Welche Bücher rathen Sie mir zu kaufen?

Unter welchen Bedingungen will er sein Pferd weggeben?

Welches ist die breiteste Straße in der Stadt?

In welchem Zimmer wollen wir diesen Abend tanzen?

Um welche Zeit stehen Sie gewöhnlich des Morgens auf?

Welchen Weg soll ich beim Ausgange aus dem Dorfe einschlagen?

Eine seiner Schwestern hat sich verheirathet, aber ich weiß nicht welche.

Ich will einige Lotterie-Loose kaufen; welche Nummern soll ich wählen?

3.
If, *when*, wenn.

If I have time to-morrow, I will pay you a visit.

It shall be done when I return.

Wenn ich morgen Zeit habe, so will ich Sie besuchen.

Es soll geschehen, wenn ich wiederkomme.

If it continue to rain, I will not go out to-day.

When I want any money, I will ask you for it.

If you choose, I will introduce you to the family.

If he comes, I will tell him so.

When he comes, he always begins to eat immediately.

When breakfast is over, I will go out.

If you are cold, come nearer (to) the fire.

When I tell you the truth, you will not believe me.

If you will allow me, I will accompany you.

I shudder, when I think of it.

His mother will be very unhappy, if he does not write to her.

He is as rich as your uncle, if not richer.

If you will be advised by me, do not go there.

You will think differently, when you hear my reasons.

If he lends you his violin, when will you return it to him?

Wenn es fortregnet, so will ich heute nicht ausgehen.

Wenn ich Geld nöthig habe, werde ich es Ihnen abfordern.

Wenn Sie wollen, will ich Sie der Familie vorstellen.

Wenn er kommt, so will ich es ihm sagen.

Wenn er kommt, so fängt er immer sogleich an zu essen.

Wenn wir gefrühstückt haben, will ich ausgehen.

Wenn Sie friert, so kommen Sie näher zum Feuer.

Wenn ich Ihnen die Wahrheit sage, so wollen Sie mir nicht glauben.

Wenn Sie erlauben, will ich Sie begleiten.

Ich schaudere, wenn ich daran denke.

Seine Mutter wird sehr betrübt seyn, wenn er nicht an sie schreibt.

Er ist eben so reich, wo nicht reicher, als Ihr Onkel.

Wenn Sie sich von mir wollen rathen lassen, so gehen Sie nicht dahin.

Sie werden anders denken, wenn Sie meine Gründe hören.

Wenn er Ihnen seine Violine leiht, wann werden Sie ihm dieselbe zurückgeben?

When you come again, I will tell you the whole story, if you wish it.	Wenn Sie wiederkommen, will ich Ihnen die ganze Geschichte erzählen, wenn Sie es verlangen.

4.

Any, some, etwas, einige.

I want some pens; have you any?	Ich brauche einige Federn; haben Sie welche?
Have you any thing to say to me?	Haben Sie mir etwas zu sagen?
Some of his relations have given him some money.	Einige seiner Verwandten haben ihm Geld gegeben.
Shall I give her any almonds?	Soll ich ihr Mandeln geben?
Shall we give them some raisins?	Wollen wir ihnen einige Rosinen geben?
Is there any hope?	Ist noch Hoffnung vorhanden?
There is still some hope.	Es ist noch einige Hoffnung da.
If I had any, I would give you some.	Wenn ich welche hätte, so würde ich Ihnen einige geben.
I have heard something of it.	Ich habe etwas davon gehört.
Some one shall pay for it.	Jemand soll es bezahlen.
If any one should come.	Wenn Jemand kommen sollte.
Any one may walk in this park.	Jedermann kann in diesem Park spazieren.
Have you given him any bread?	Haben Sie ihm Brod gegeben?
I will give you some cherries.	Ich will Ihnen einige Kirschen geben.
Will you see some of my canary-birds?	Wollen Sie einige meiner Kanarienvögel sehen?
Have you never seen any of my canary-birds?	Haben Sie noch keine meiner Kanarienvögel gesehen?
I had no opportunity of doing any business with him.	Ich hatte keine Gelegenheit, mit ihm Geschäfte zu machen.

He would have given me some money, if he had had any. | Er hätte mir Geld gegeben, wenn er welches gehabt hätte.
Have you any reason to be dissatisfied with him? | Haben Sie Ursache, mit ihm unzufrieden zu seyn?

5.

To do, to make, thun, machen.

What' are you doing there? | Was machen Sie da?
Has he made no mention of my proposal? | Hat er keine Erwähnung meines Vorschlages gethan?
Do what you please with it. | Machen Sie damit, was Sie wollen.
What is to be done in this case? | Was ist dabei zu machen?
How does your mother do? | Was macht Ihre Frau Mutter?
Be so kind as to make me acquainted with it. | Seyn Sie so gütig, und thun Sie es mir zu wissen.
The enemy is said to have made no resistance. | Der Feind soll keinen Widerstand gethan (geleistet) haben.
Has your brother not yet done his exercise? | Hat Ihr Bruder seine Aufgabe noch nicht gemacht?
He made him that promise. | Er machte ihm das Versprechen.
That is easily done. | Das ist leicht gemacht.
I have made a vow never to dance again. | Ich habe ein Gelübde gethan, nie wieder zu tanzen.
What can one do with such a thing? | Was kann man mit einem solchen Dinge machen?
Have you done any good business to-day? | Haben Sie heute gute Geschäfte gemacht?
You would do me much honour by dining with me. | Sie würden mir viel Ehre erweisen, wenn Sie heute mit mir zu Mittag essen wollten.

You have put no pepper into your soup.	Sie haben keinen Pfeffer in Ihre Suppe gethan.
I am sorry to give you so much trouble.	Es thut mir leid, daß ich Ihnen so viel Mühe mache.
We have performed a long journey.	Wir haben eine lange Reise gemacht.
You should not have taken this step.	Sie hätten diesen Schritt nicht thun sollen.

6.

To say, to tell, fagen.

What did he say, when you told him that I was there?	Was sagte er, als Sie ihm sagten, daß ich da wäre?
I am going to tell you every thing he said to me.	Ich werde Ihnen gleich Alles sagen, was er mir gesagt hat.
Would he not tell you his name?	Wollte er Ihnen seinen Namen nicht sagen?
He talks a great deal, and says nothing.	Er spricht viel und sagt nichts.
I have something to tell you, said he to me.	Ich habe Ihnen etwas zu sagen, sagte er mir.
He told me not to tell it you.	Er sagte mir, daß ich es Ihnen nicht sagen sollte.
I have nothing more to say, said I to him.	Ich habe weiter nichts zu sagen, sagte ich zu ihm.
Did he say any thing to you about it?	Sagte er Ihnen etwas darüber?
You must tell me the whole story, said he to the old man.	Ihr müsset mir die ganze Geschichte erzählen, sprach er zum Greise.
As I said before, I do not owe him a farthing.	Ich bin ihm, wie gesagt, keinen Heller schuldig.

I should like to know what you have to tell me (to say to me).	Ich möchte gern wissen, was Sie mir zu sagen haben.
Tell her that I did not say so.	Sagen Sie ihr, daß ich das nicht gesagt habe.
I said it only in jest.	Ich sagte es nur im Scherz.
I have been told that you have something to say to me (to tell me).	Man hat mir gesagt, daß Sie mir etwas zu sagen haben.
Say these words after me.	Sprechen Sie mir diese Worte nach.
No sooner said than done.	Gesagt, gethan.
Shall I tell you the reason? said he.	Soll ich Ihnen die Ursache sagen? sagte er.
He said something which I could not hear distinctly.	Er sagte etwas, was ich nicht deutlich hören konnte.
Did he go away, without saying good night?	Ging er weg, ohne gute Nacht zu sagen?

7.

Shall, should — will, would.

I shall never forget his kindness.	Ich werde seine Güte nie vergessen.
I shall not breakfast at home to-morrow.	Morgen werde ich nicht zu Hause frühstücken.
We shall probably see him to-morrow morning.	Wir werden ihn wahrscheinlich morgen früh sehen.
Thou shalt have my horse.	Du sollst mein Pferd haben.
You shall never see me more.	Sie sollen mich nie wieder sehen.
My servant shall fetch it in the evening.	Mein Bedienter soll es am Abend abholen.
I will by no means allow it.	Ich will es durchaus nicht erlauben.
We will never forsake them.	Wir wollen sie nie verlassen.

It will rain to-morrow.
You will lose a great deal of time.
Will he not be glad to see us?

Shall I tell you what he will do?

I shall (will) give him ten marks, when he has done.
What will (shall) you do after dinner?
I should be sorry if he were not willing to come.
We should not arrive at six o' clock, even if we set out now.

You should love them with all your heart.
I would not do it; if I were you.

If you could lend me two hundred pounds, you would do me a great favour.
Shall we take a short walk?

Nothing shall be wanting on my part.
I will not expose myself to such danger.
We shall (will) see if we can please him.
I should not like to displease him.
Shall I tell you what he will do?

Es wird morgen regnen.
Ihr werdet viel Zeit verlieren.
Wird er sich nicht freuen, uns zu sehen?
Soll ich Ihnen sagen, was er thun wird?
Ich werde ihm zehn Mark geben, wenn er fertig ist.
Was werdet ihr nach Tische thun?

Es würde mir Leid thun, wenn er nicht kommen wollte.
Wir würden nicht um sechs Uhr ankommen, selbst wenn wir jetzt abreiseten.
Sie sollten sie von ganzem Herzen lieben.
Ich würde es nicht thun, wenn ich an Ihrer Stelle wäre.
Können Sie mir zweihundert Pfund leihen, so würden Sie mir einen großen Gefallen thun.
Wollen wir einen kleinen Spaziergang machen?
Es soll meinerseits nichts fehlen.
Ich will mich einer solchen Gefahr nicht aussetzen.
Wir werden sehen, ob wir ihn zufrieden stellen können.
Ich möchte ihm nicht mißfallen.
Soll ich Ihnen sagen, was er thun wird?

Would you be so kind as to lend me your penknife?

When I was willing, she would not; now that she is willing, I will not.

You will always find us punctual in your engagements.

What would he have done, if you had not come?

I have called him, but he will not come.

They should (would) not have done that, if I had been present.

Will (shall) you set out to-morrow, or the day after to-morrow?

I shall not be able to come, because my mother will not yet have returned.

You shall have a reward, and I am persuaded you will be thankful for it.

I visit him seldom, though I should always be most welcome.

I would rather die, than tell a lie!

If he should do that, he would soon be rich.

Would to God he were already here!

He would frequently get up in the night to smoke a pipe.

Bitte, wollen Sie mir nicht Ihr Federmesser leihen?

Als ich wollte, wollte sie nicht; nun da sie will, will ich nicht.

Sie werden uns in unsern Verpflichtungen immer pünktlich finden.

Was hätte er angefangen, wenn Sie nicht gekommen wären?

Ich habe ihn gerufen, aber er will nicht kommen.

Das hätten sie nicht gethan, wenn ich zugegen gewesen wäre.

Werden Sie morgen oder übermorgen abreisen?

Ich werde nicht kommen können, weil meine Mutter noch nicht zurück seyn wird.

Sie sollen eine Belohnung haben, und ich bin überzeugt, Sie werden dafür erkenntlich seyn.

Ich besuche ihn selten, ob ich gleich immer höchst willkommen seyn würde.

Ich möchte lieber sterben, als lügen.

Wenn er das thun würde, so würde er bald reich werden.

Wollte Gott, er wäre schon hier!

Er stand häufig des Nachts auf, um eine Pfeife zu rauchen.

8.

May, might — can, could.

May I trouble you for the book?	Darf ich mir von Ihnen das Buch ausbitten?
Can the captain not dine with us to-day?	Kann der Hauptmann heute nicht bei uns essen?
If you walk so near the ditch, you may fall in.	Wenn Sie so nahe an dem Graben gehen, so können Sie hineinfallen.
If he has the head-ache, he may go to bed.	Wenn er Kopfweh hat, so kann er zu Bette gehen.
Now he may come in; I am quite disengaged.	Jetzt kann er hereinkommen; ich bin ganz frei.
Such things may happen, and nobody can prevent it.	Dergleichen kann wohl kommen, und Niemand kann es hindern.
He can write English better than he can speak it.	Er kann besser englisch schreiben, als sprechen.
She can sing as well as I can.	Sie singt so gut, wie ich.
I cannot tell you the hour exactly.	Ich kann Ihnen nicht genau sagen, wie viel Uhr es ist.
May I ask you what you have been able to do?	Darf ich Sie fragen, was Sie haben ausrichten können?
May I offer you a cup of tea?	Kann ich Ihnen mit einer Tasse Thee aufwarten?
Can that be true?	Sollte das wahr seyn?
Can I speak to the gentleman at present?	Kann ich jetzt mit dem Herrn sprechen?
What can be the reason of all that?	Was kann das Alles heißen?
That may be; I will not dispute it.	Das kann seyn; ich will nicht dagegen streiten.

Take your umbrella with you; it may rain to-night.

Nehmen Sie Ihren Regenschirm mit; es kann heute Abend regnen.

It may be half past eight, or rather more.

Es kann halb neun oder etwas später seyn.

You could do us this favour, if you would.

Sie könnten uns diesen Gefallen thun, wenn Sie wollten.

Do not provoke him; he might otherwise offend you.

Reizen Sie ihn nicht; er möchte Sie sonst beleidigen.

Might I ask you how old you are?

Dürfte ich Sie wohl fragen, wie alt Sie sind?

He could (might) have done it long ago.

Er hätte es schon längst thun können.

I cannot let you go alone; I am afraid you might miss your way.

Ich darf Sie nicht allein gehen lassen; ich besorge, Sie möchten den Weg verfehlen.

It might probably happen as you have predicted.

Es dürfte wohl so kommen, wie Sie es vorher gesagt haben.

That you may do, if you choose; nobody can have any objection.

Das können Sie thun, wenn Sie wollen; Niemand kann etwas dagegen haben.

Who could deny him such a trifle?

Wer sollte ihm eine solche Kleinigkeit abschlagen können?

You may depend upon it, he cannot accept your proposal.

Sie können sich darauf verlassen, daß er Ihren Vorschlag nicht annehmen kann.

Could you not send me word whether you can come or not, that I may not be disappointed?

Könnten Sie mir nicht sagen lassen, ob Sie kommen können oder nicht, damit ich nicht vergebens warten möge?

9.

Zeitwörter, die im Englischen ihre zusammengesetzten Zeiten mit *to have* und im Deutschen mit seyn bilden.

Do you know how the thing has happened?	Wissen Sie, wie die Sache zugegangen ist?
On what part of the coast have the troops landed?	An welchem Theile der Küste sind die Truppen gelandet?
The man has long persisted in his intention.	Der Mann ist lange bei seinem Vorsatze geblieben.
We have got through the crowd at last.	Wir sind endlich durch die Menge gedrungen.
I should not have fallen, if I had not stumbled.	Ich wäre nicht gefallen, wenn ich nicht gestrauchelt wäre.
I would not have stirred, if I had known that.	Ich wäre nicht von der Stelle gewichen, wenn ich das gewußt hätte.
Have you never put up at this inn?	Sind Sie niemals in diesem Wirthshause eingekehrt?
He would have rushed out of the room, if he had seen us.	Er würde aus dem Zimmer gestürzt seyn, wenn er uns gesehen hätte.
He has run his head against the wall.	Er ist mit dem Kopf wider die Wänd gerennt.
Have you never sailed down the stream?	Sind Sie niemals auf dem Strom herabgeschifft?
We have strolled about the whole day.	Wir sind den ganzen Tag umhergeschweift.
All these flowers have shot up in one night.	Alle diese Blumen sind in Einer Nacht hervorgeschossen.
My cheek has swelled very much during the last hour.	Mir ist die Wange während der letzten Stunde sehr geschwollen.

He has succeeded in disposing of his whole stock of hides.

Es ist ihm gelungen, seinen ganzen Vorrath an Häuten zu verkaufen.

We have wandered about the wood for an hour.

Wir sind eine Stunde in dem Holze umhergeirrt.

Six years have elapsed since I saw him.

Es sind sechs Jahre verflossen, seitdem ich ihn sah.

The poor woman had turned pale with fright.

Die arme Frau war vor Schrecken erblaßt.

If you had turned to the right, you would have found the house.

Wenn Sie rechts umgebogen wären, so hätten Sie das Haus gefunden.

You have run in and out at least twenty times.

Sie sind wenigstens zwanzig Mal aus- und eingelaufen.

I have met him twice this morning.

Er ist mir diesen Morgen zweimal begegnet.

The prices of indigo have risen considerably this week.

Die Preise des Indigos sind diese Woche bedeutend gestiegen.

The ship has just set sail.

Das Schiff ist so eben abgesegelt.

The enemy had advanced to our camp, before we were aware of it.

Der Feind war bis zu unserm Lager vorgedrungen, ehe wir es uns versahen.

These flowers would not have withered, if they had been watered.

Diese Blumen würden nicht verwelkt seyn, wenn sie begossen worden wären.

I wish I had returned immediately.

Ich wünschte, ich wäre sogleich zurückgekehrt.

That would not have happened, if she had remained here.

Das würde nicht geschehen seyn, wenn sie hier geblieben wäre.

I should not have awaked so early, if you had not come into my room.

Ich wäre nicht so früh erwacht, wenn Sie nicht in mein Zimmer gekommen wären.

Would you have become angry, if I had continued to speak of it?

Wären Sie böse geworden, wenn ich länger davon gesprochen hätte?

I should not have met you, if I had set out earlier.

Sie würden mir nicht begegnet seyn, wenn ich früher abgereiset wäre.

Two of his brothers have fallen in this battle.

Zwei seiner Brüder sind in dieser Schlacht gefallen.

I would not have gone to bed, if I had known that you would come.

Ich wäre nicht zu Bette gegangen, wenn ich gewußt hätte, daß Sie kommen würden.

Your uncle has passed twice this morning.

Ihr Onkel ist diesen Morgen zweimal vorbeigegangen.

I have never ridden this way before.

Diesen Weg bin ich niemals geritten.

He had run an hour, before he overtook her.

Er war eine Stunde gelaufen, ehe er sie einholte.

How long has he remained in this state?

Wie lange ist er in diesem Zustande geblieben?

He would not have come, if you had invited him.

Er wäre nicht gekommen, wenn Sie ihn eingeladen hätten.

How quick these poplars have grown.

Wie schnell sind diese Pappeln gewachsen!

I believe the mail has just arrived.

Ich glaube, die Post ist so eben eingetroffen.

Has the ship reached its destination?

Ist das Schiff schon an Ort und Stelle angelangt?

The milk has curdled in one night.

Die Milch ist in einer Nacht geronnen.

Has the water boiled over?

Ist das Wasser übergewallt?

Why have you risen so early this morning?

Warum sind Sie heute Morgen so früh aufgestanden?

I had intended calling on you. | Ich war gesonnen, bei Ihnen vorzusprechen.

A dollar has just rolled off the table. | Ein Thaler ist so eben vom Tische gerollt.

He had sprung to the other side. | Er war auf die andere Seite gesprungen.

Two vessels have stranded, and four have sunk. | Zwei Schiffe sind gestrandet, und vier gesunken.

The water has penetrated the wall. | Das Wasser ist durch die Mauer gedrungen.

If the ice had broken, sixty persons would have been drowned. | Wenn das Eis eingebrochen wäre, so würden sechszig Personen ertrunken seyn.

He has travelled to Vienna three times this year. | Er ist dieses Jahr dreimal nach Wien gereiset.

If you had followed me, you would have seen where I live. | Wären Sie mir gefolgt, so hätten Sie gesehen, wo ich wohne.

10.

Das deutsche Präsens, in Bezug auf Dauer, durch die zusammengesetzte Zeit im Englischen gegeben.

I have long known this man. | Ich kenne diesen Mann schon lange.

Let us set out; we have been long enough here. | Laßt uns abreisen; wir sind schon lange genug hier.

How long has your little boy gone to school? | Wie lange geht der Kleine schon zur Schule?

How long have the guests been at table? | Wie lange sitzen die Gäste schon am Tische?

I have been ready to set out this fortnight. | Ich bin schon seit vierzehn Tagen reisefertig.

I have felt very weak ever since last night.	Ich fühle mich seit gestern Abend fortwährend sehr matt.
The church-clock has not gone these three days.	Die Kirchenglocke ist seit drei Tagen nicht im Gange.
Has the poor girl been blind long?	Ist das arme Mädchen schon lange blind?
Make the tea; the water has boiled for a long time.	Machen Sie den Thee; das Wasser kocht schon lange.
Has he not known me longer than you have?	Kennt er mich nicht länger, als Sie mich kennen?
The curate had been long dead, when that happened.	Der Pfarrer war schon lange todt, als das vorfiel.
Have you lived long in this town?	Wohnen Sie schon lange in dieser Stadt?
My mother has been dead sixteen years to-day.	Meine Mutter ist heute schon sechzehn Jahre todt.
Our traveller has now been half a year absent.	Unser Reisender ist jetzt ein halbes Jahr abwesend.
I am but just now come from home.	Ich komme erst vom Hause.
He had been ten years in England, before he spoke English.	Er war schon zehn Jahre in England, ehe er englisch sprach.
Shall you not have been twelve years in Hamburgh next Christmas-Day?	Werden Sie am künftigen Weihnachtstag nicht zwölf Jahre in Hamburg seyn?

11.

Gebrauch des umschreibenden Verbums.

Hark! the clock is striking.	Horch! die Glocke schlägt.
What are you thinking of at this moment?	Woran denken Sie in diesem Augenblick?

He is always smoking, when we call to see him.

Er raucht immer, wenn wir ihn besuchen.

Have you been long waiting for me?

Warten Sie schon lange auf mich?

You seem to be busy; what are you doing?

Sie scheinen beschäftigt zu seyn; was machen Sie?

I had just been talking to him, when you came in.

Ich hatte eben mit ihm gesprochen, als Sie hereintraten.

They will be drinking, or playing at cards, when we arrive.

Sie werden trinken oder Karten spielen, wenn wir ankommen.

The nightingale has been singing the whole night.

Die Nachtigall hat die ganze Nacht geschlagen.

How have you been spending your time of late?

Wie haben Sie diese letzte Zeit zugebracht?

I have been lodging in this house for a year.

Ich logire schon ein Jahr in diesem Hause.

Let us be going; it is late.

Wir wollen weggehen; es ist spät.

Is your father coming to Cologne this year?

Kommt Ihr Herr Vater dieses Jahr nach Köln?

Are you going to the concert to-morrow night?

Gehen Sie morgen Abend ins Konzert?

How long has this building been standing here?

Wie lange steht dieses Gebäude schon hier?

I had just been following him, when I met you.

Ich war ihm eben gefolgt, als Sie mir begegneten.

12.

Gebrauch des Imperfekts und Perfekts.

Were you at the play last night?

Sind Sie gestern Abend im Theater gewesen?

68

Is it long since you saw your cousin?

Ist es lange, daß Sie Ihren Vetter nicht gesehen haben?

He was at our house yesterday; but he has not yet been here to-day.

Er ist gestern bei uns gewesen; heute war er aber noch nicht hier.

Did you see my brother-in-law last week?

Haben Sie meinen Schwager vorige Woche gesehen?

No, but I have seen him twice to-day.

Nein, aber ich sah ihn heute zweimal.

Where does the master live who taught you French?

Wo wohnt der Lehrer, der Sie französisch gelehrt hat?

The clock struck five minutes ago; did you not hear it?

Die Glocke hat vor fünf Minuten geschlagen; haben Sie es nicht gehört?

Did you get well home last night?

Sind Sie gestern Abend gut zu Hause gekommen?

None of us was present.

Keiner von uns ist dabei gewesen.

Have you not yet been at the new theatre?

Waren Sie noch nicht im neuen Theater?

He never visits the town where he was born.

Er besucht niemals die Stadt, wo er geboren ist.

I am only come to tell you that my father arrived last night.

Ich kam bloß, um Ihnen zu sagen, daß mein Vetter gestern Abend angekommen ist.

The whole fleet was destroyed in a few hours.

Die ganze Flotte ist in einigen Stunden zerstört worden.

At what time did you see the water-spout?

Um welche Zeit haben Sie die Wasserhose gesehen?

I have never seen a water-spout.

Ich sah niemals eine Wasserhose.

I knew the late baron very well.

Ich habe den verstorbenen Baron sehr wohl gekannt.

We sometimes went a hunting to-
gether.

Wir sind zuweilen zusammen auf die
Jagd gegangen.

I have received no goods from
America this year.

Ich erhielt dieses Jahr noch keine
Waare von Amerika.

Where have you been since I saw
you last?

Wo waren Sie, seitdem ich Sie zu-
letzt gesehen habe?